여성 리더
세상을 바꾸다

글 신혜영

문장

목 차

들어가는 글　　　　　　　　　　　　　　　　8

1장
배운 여자로 리드하라　　　　　　　　　　13

1 당신은 당신 삶의 주인공인가요?　　　　　15
2 가족에게 당당히 요구하시나요?　　　　　　18
3 엄마라서 고민되시죠?　　　　　　　　　　21
4 나는 자유인일까요?　　　　　　　　　　　25
5 축하받고 싶을 때 어떻게 하세요?　　　　　28
6 인생 철학 있으시죠?　　　　　　　　　　　32
7 리더가 해야 할 가장 중요한 일은 뭘까요?　36
8 임파워링 리더십이 뭔가요?　　　　　　　　39
9 대화를 잘 끌어나가려면 무엇이 필요할까요?　43
10 상대방과 소통이 막히는 이유가 뭘까요?　　46
11 세상에 나와 같은 사람이 있을까요?　　　　50
12 갈등 속에 합의점을 찾는 방법이 뭘까요?　53
13 회의시간이 조용한 이유를 아시나요?　　　56
14 리더는 언제 용기를 내야 할까요?　　　　　59

2장
엔잡러로 리드하라   63

15 엔잡러 관심 있으세요?   65
16 세계적 리더들의 공통점은 뭘까요?   69
17 인생을 바꾼 말 한마디가 있나요?   72
18 파이프라인 만들고 싶으신가요?   75
19 무엇부터 시작해야 할지 모르시겠다고요?   78
20 자신을 추천할 자신 있나요?   81
21 과연 제가 할 수 있을까요?   85
22 결정하기 힘들어 답답하시죠?   88
23 설레는 일이 있으신가요?   91
24 팀원에게 리더의 평가표를 받아 보신 적 있으신가요?   94

3부

여성리더로 리드하라　　　　　　　　　　99

25 팀원과 리더의 견해차는 어디에서 시작될까요?　101
26 기대만큼 일 못 하는 팀원의 문제는 뭘까요?　104
27 호불호 없는 리더는 어떤 사람일까?　107
28 일의 효율성을 높이는 대화법을 아시나요?　110
29 어떤 일을 잘하세요? 어렵고 불편하신 일은 무엇일까요?　113
30 리더님은 어떻게 쉬세요?　117
31 조직에 필요한 팀원은 누구일까요?　120
32 왜 내 뜻대로 되는 일이 없을까?　123
33 결정 스트레스를 해결하는 방법이 있으신가요?　127
34 배신 없는 조직에 꼭 필요한 것은 무엇일까요?　131
35 대학 총장이 제일 잘 해야 하는 일은?　134
36 개인의 목표와 조직의 목표가 일치하나요?　137
37 마지막으로 몰입한 일이 무엇인가요?　139
38 좋은 리더와 위대한 리더의 차이점은 무엇일까요?　142
39 리더님의 핵심 인재는 누구이며 어떻게 하시나요?　146
40 누군가에게 스스로 을이 된 적 있나요?　149

41 리더님의 바라는 성공의 끝에는 무엇이 있나요?　153
42 솔직함을 숫자로 표시한다면 몇 점이신가요?　156
43 미움 받을 용기는 언제 발휘할 수 있을까요?　160
44 관심 없다는 말을 자주 하시나요?　163
45 길잡이 멘토가 있으신가요?　166
46 리더의 말에 깜빡이가 있나요?　169
47 팀원들에게 어떤 감사를 받고 싶으세요?　173
48 리더의 심장엔 어떤 돌이 박혀 있나요?　176
49 당신은 벼랑 끝에서 의지할 존재가 있나요?　179
50 멘탈 관리 어떻게 하세요?　182
51 생산성을 높이는 마지막 방법은 뭘까요?　186
52 에너지 충전 어떻게 하세요?　190
53 리더님 외로우시죠?　193

마치는 글　196

들어가는 글

　자리가 사람을 만든다는 말은 틀린 말이 아닙니다. 앞뒤 가리지 않고 돈을 벌어야 할 시절이 있었죠. 그때를 돌아보면 영락없는 장사꾼이었습니다. 내 이익만 생각하며 빠듯하게 살았죠. '선생님'이라고 불릴 때는 아이들에게 부끄럽지 않은 사람이 되려고 노력했습니다. 강의에 진심을 담았고, 학생 중심수업에 열중했지요. 누군가의 '엄마'라고 불리게 되었을 때, 꼬물거리는 작은 생명체를 굶길 수 없다는 일념 하나로, 부엌을 전쟁터로 만들며 이유식을 휘저었죠. '어머님'이란 호칭 앞에선 한없이 다정한 사람이 되었고, '딸'이라 불릴 때는 철없는 아이로 변했습니다. 절 '언니'라고 부르는 사람 앞에선

트레이닝복에 슬리퍼를 끌었고, '코치님'이라고 부르는 사람 앞에선 H라인 스커트 차림이었죠. '작가'라고 불리면서 영역이 넓어졌습니다. 작은 교실에서 벗어나 대한민국이 무대가 되었죠. 독자들 앞에 진실한 사람이 되고 싶었어요. 저의 글과 삶이 같길 바랐습니다.

희한한 건 앞에 나온 사람은 분명 다 같은 사람인데, 호칭에 따라 제 머리끝부터 발끝까지 전혀 다른 사람이 되더군요.

"대표님! 신 대표님"

방금 막 명함을 교환한 대표님이 제 어깨를 가볍게 톡톡 칩니다. 여러 번 불렀는데 제가 몰랐다고 하더군요. '아! 나 대표였지?' 대표라는 직함이 어색했습니다. 딱히 좋게 들리지도 않았거든요. '00 대표 갑질 논란' '00 대표 횡령죄로 구속 수사' 뭐 이런 뉴스를 많이 접했기 때문일 겁니다. 그러던 중, 김경옥 작가님의 추진력으로 '한국여성리더연구소'가 설립되었죠. 그 시작은 이랬습니다.

"슨상님, (그녀는 늘 저에게 슨상님이라고 불러요) 뭘 좀 해봅시다. 슨상님 같은 사람이 필요해요. 가만있지 말고 뭘 좀 해봐요."

"도대체 뭘 하란 거야?"

"평소에 우리한테 늘 리더가 되라 했잖아요. 우린 여성 리더들이라고… 그런 여성 리더들이 성장하는 모임 같은 거요. 늘 언니가 말했잖아요. 우리만 성장하지 말고, 남을 도와야 한다고. 성장 하고 싶은 여성들을 돕는 모임 이런 거 하나 만들자고요."

"괜찮은데, 그럼 네가 해라. 이거, 네 아이디어잖아."
"아…. 그런데 아직은 안 될 것 같아요. 좀만 더 슨상님처럼 크고 나서 저같이 경단녀를 위한 걸 해 볼게요. 이번에는 언니가 해요."
"그럼, 이름 하나 정해 봐봐. 사업자 내고 시작하자."

다음 날 아침 뚝딱 사업자를 등록했고, 그길로 '한국여성리더연구소'가 세워졌죠. 연구소에서 함께 할 여성 리더들을 세웠습니다. 한 분씩 만나 각자의 사명과 비전을 찾게 도와드렸고, '여성의 성장을 돕는 리더'로 활동하기 시작했지요. 모두가 '대표 리더'였죠. 평등한 관계가 되었으면 했거든요. 누군가의 지시를 받아 움직이는 게 아니라, 스스로 생각하고 결정하고 수평관계에서 서로를 지지하고 이끌어주는 여성 리더연대가 제 꿈이었으니까요.

한국여성리더연구소의 대표가 되면서 제가 불리고 싶은 호칭이 분명해졌습니다. 대표님보다 리더님이 훨씬 끌렸죠. 리더라는 단어가 가진 에너지가 좋았습니다. 리더의 삶이 시작되었죠. 세상에 나온 모든 리더십 책을 읽기 시작했어요. 끊임없이 공부, 또 공부했습니다. 인사조직 전공 박사님들과 함께 혁신경영론 수업을 들으며 매주 인사조직 논문을 도대체 무슨 말인지도 모르면서 눈이 빠지라 읽고 있습니다. (지금 제가 어금니 꽉 깨문 거 느껴지시죠. 석공 -제 돌머리를 깨주시는- 김민철 교수님께 진심으로 감사드립니다) 정말 미칠 노릇입니다만 그래야만 했습니다.

리더님들의 리더가 되어야 했고, 되고 싶었으니까요. 최고수준의 리더-최고경영자나 대표-를 위한 책은 넘쳤지만, 여성 리더를 위한 책은 찾기 어려웠습니다. 게다가 이제 막 리더의 삶을 살고 싶은, 초보 리더의 눈높이에 맞는 책은 더더욱 찾기 어려웠습니다. 뱁새가 황새 따라가다 가랑이만 찢어져 포기할까 두려웠습니다.

그래서 이 책을 씁니다. 저처럼 살고 싶다는 (설탕 발림인 줄 알면서도 입이 귀에 걸렸습니다) 리더님들의 부탁이 있기도 했죠. 조금만 가볍게, 현실적이게, 여성 리더의 진짜 이야기를 써달라고 하더군요. 그 말을 듣고 보니 예전 기억이 떠올랐습니다. 저도 제발 누군가가 '짠'하고 나타나, 제 고민에 대한 답을 주면 소원이 없겠다 싶었거든요. 그 누군가를 정의해 보면, 한국여성으로, 저와 나이 차이가 크지 않는 사람이었으면, 비슷한 경험을 이미 하셨으면서, 나름의 해결책이 있는 사람이면 했어요. 그런 멘토를 열심히 찾으려 노력했지만, 실패로 끝났죠.

제가 대단한 리더가 아니라 오히려 읽기 만만하실 거란 궁색한 변명으로 마무리하겠습니다. 이 책이 작게나마 리더님께 도움이 되길…. 진심으로 바랍니다.

그대가 있어 참 든든합니다.
세상을 함께, 바꾸어 나가길, 간절히 희망합니다.

감사합니다.

1장

배운 여자로 리드하라

배운 여자 하면 머릿속에 이 대사가 떠오릅니다.

"저, 이대 나온 여자예요."

배운 여자는 어떤 여자일까요?

배운 여자는 학력이 높은 여자가 아니라

세상을 바꿀 줄 아는 여자입니다.

세상을 바꿀 수 있는 용기 있는 여자,

세상을 바꿀 수 있는 행동력을 가진 여자가 배운 여자죠.

그게 여러분이길 진심으로 바랍니다.

1

당신은 당신 삶의 주인공인가요?

황혼이혼은 20년 이상 결혼생활을 한 부부들의 이혼인데요. 전체 이혼 10건 중 4건이 황혼이혼이라 합니다. 황혼이혼 찬성하시나요? 반대하실까요?

며칠 전, 우연히 '동치미'라는 예능 프로그램을 보았습니다. '76세 어머니가 황혼이혼을 하고 싶은데 어떻게 해야 할까요?'라는 주제로 아드님이 직접 어머니 사연을 신청하셨어요. 아드님과 어머니는 가명과 모자이크 처리를 하고 방송 출연을 하셨죠. 76세 어머니의 남편은 20년 동안 한 여자와 바람을 피웠데요. 어머니는 그 사실을 알고도 자식 생각해서 참고 사셨고요. 어느 날, 남편의 차를 청소하다 차용증 3장을 발견합니다. 총금액이 8천만 원이었어요. 남편을 추궁하니 실토를 합니다. 그 여자한테 다 빌려줬데요. 5천만 원은 남편의 마이너스 통장에서, 2천은 어머니의 남동생에게 빌려서, 나머지 천만 원은 어머니 적금 만기셨답니다. 어머니는 너무 화가 나, 당장 그 돈을 가져오라고 했죠. 그런데 아무 소식이 없었다고 해요. 결국, 어머니는 고소했고 승소합니다. 법원에서 내연녀에게 8천만 원을 갚으라는 판결문이 나왔고, 어머니는 남편에게 그 증서를 보이면서 돈을 가져오라 했죠. 여기서 반전이 벌어집니다. 남편은 아내 말을 듣고는 부엌에서 식칼을 가져와 자기 배에 대고, 도리어 자기가 죽어 버리겠다고 으름장을 놓았다고 합니다. 그 돈은 내연녀 아들의 교육비로 썼답니다. 미치고 팔짝 뛸 이야기죠?

그런데 어머니가 갑자기 남편의 까다로운 식성을 이야기하기 시작했습니다. 냉장고에 한 번 들어간 반찬은 먹지 않으며, 같은 국은 두 번 밥상에 올리지 않는데, 미역국은 오래

끓여야 맛있어서 미역국만 두 번, 식탁에 올린다 하셨어요. 어머니의 말씀에 눈물이 핑 돌았습니다. 76세 어머니 인생이 제 머릿속에 파노라마처럼 펼쳐졌습니다. 가정주부로만 사신 것도 아니고 직장생활도 하셨다고 하는데 도무지 이해할 수 없었어요. 심리상담사인 한 패널이 어머니께 여쭸어요.

"어머니, 혼자 여행 가신 적 있으세요?"

고개를 가로저으시는 어머니께 이어 말합니다.

"어머니, 이제부터라도 본인을 위한 삶을 사세요."

> **여성 리더라면 반드시 알아야 할 성공비결 1**
>
> 혼자 떠나보세요. 새로운 세상이 펼쳐집니다.

2

가족에게 당당히 요구하시나요?

 한숨이 터져 나왔지만, 시대적 상황이 그땐 그랬지. 그래, 내가 태어나기도 전 이야기잖아.
 당연히 그럴 수…. 도…. 있지… 않겠어?
 불편한 마음이 불고기버거소스처럼 툭 튀어나오고 있었지만 꾹 참았습니다. 그러면서 불현듯 엄마 생각이 났습니다.

엄마 나이 40대 후반쯤, 남동생이 해외여행을 떠나며 엄마께 물었어요.

"엄마, 뭐 필요한 거 없어? 필요한 거 있으면 말해. 공항면세점 가서 하나 사 올게."

"됐어. 엄마 필요한 거 없어. 너 돈 아껴 써라."

며칠 뒤, 동생은 더러워진 캐리어 바퀴를 끌며 집으로 돌아왔죠. 여행 좀 다닌 제가 보니 뭔가 느낌이 딱 옵니다. 캐리어가 살이 쪘더군요.

"아들, 피곤하지. 어서 쉬어. 짐은 엄마가 정리할게."

남동생은 손사래를 치며 짐 정리는 자기가 하겠다 합니다. 누나 아니, 여자의 촉이 바로 발동했죠. 동생을 도왔습니다. 아니 아들에게 목숨 거는 엄마를 도와야 했습니다.

"엄마, 자기 일은 자기가 하게 둡시다. 세탁기에 옷만 넣으면 되는데, 다 큰 놈이 직접 해야지."

그렇게 각자 방으로 돌려보낸 뒤, 슬그머니 동생 방으로 쏙 들어갑니다. 아니나 다를까, 캐리어의 속에는 어마 무시한 게 있더군요. 다름 아닌 SKⅡ 화장품, 그것도 세트였습니다. 빨간색 로고가 찍힌 투명 면세점 가방 안, 크고 단단한 박스에 담겨 있던 화장품 세트, 당시 여자들을 죄다 욕망 덩어리로 만들어 버린 화제의 주인공이 떡 하니 동생의 가방 속에

고이 모셔져 있더군요. 20대 초반인 남동생의 여자친구가 SKⅡ를 바를 때, 엄마는 설화수 앰풀을 아껴 쓰고 있었죠. 여자친구 선물만 사 온 동생이 꼴사나웠지만, 입을 꾹 다물 수밖에 없었습니다. 결국, 상처받는 사람이 누굴지 뻔한 일이었으니까요.

우리 엄마는 바보였습니다.

여성 리더라면 반드시 알아야 할 성공비결 2
원하는 게 있다면 주저하지 마세요

3

엄마라서 고민되시죠?

○○은 여성을 노예로 만드는 가장 세련된 방법이다.

○○은 무엇일까요?
 머리보다 빠른 당신의 눈동자 질주를 막기 위해, 빈칸에 들어갈 단어를 유추할 충분한 시간을 드리고 싶은 마음에, 이 칸을 비어 갑니다. 부디 고민해 주세요. 제발 이 책장을 훅 넘기지 말아 주시길 간곡히 부탁드립니다.

모성은 여성을 노예로 만드는 가장 세련된 방법이다.
-시몬 드 보부아르-

 엄마가 되면서부터, 나는 모성애가 충분한가? 라는 질문으로 자신을 힘들게 합니다. 엄마라면 당연한 거 아니냐는 주변의 기대와 부응에 맞춰 살아야 하죠. 딸이었을 땐 엄마처럼 절대 살지 않겠다는 마음으로 30년을 살았지만, 막상 딸에서 엄마가 되면 언제 그랬냐는 듯 비슷한 삶에 순응하며 삽니다. 왜 그럴까요?

 믿기지 않는 이야기를 하나 해 드릴게요. 18세기 말까지만 해도 일반적으로 부모가 자식에게 무관심했다고 해요. 19세기가 되면서 중상주의 정책으로 노동력이 중요하게 되자 국가가 모성애를 여성들에게 강조하기 시작했습니다. 공장이 만들어지기 전 모든 인류는 자급자족 형태로 자연에서 노동의 힘으로 생활했었죠. 시대가 바뀌고, 국가는 공장을 돌리고 수출하고 더 부강한 나라가 되기 위해 인력이 필요했습니다. 매일 출근해서 힘을 쓰는 남성 노동력이 필요했기 때문에 자연스럽게 여자가 집에서 아이를 키워야 하는 상황이 되었죠. 그렇게 모성애는 전략적인 국가의 정책에 의해 강요당하고 모성애의 부담감을 여자에게 떠넘기게 된 사실 아셨나요?

시몬 드 보부아르는 '제2의 성'에서 모성은 여성을 노예로 만드는 가장 세련된 방법이라 말하며 아이를 낳는 것이 여성 본연의 임무로 여겨지는 한, 여성은 정치나 기술에는 거의 신경 쓰지 못하며 여자의 우월성에 대해 남자들과 논쟁을 벌일 생각조차 못 한다고 이야기하고 있습니다. 바댕테르는 오늘날 여성이 자식을 낳고 키우는 것은 당연한 일이 아니라고 합니다. 인류는 모성애에 의해 존재하는 것이 아니고 어머니가 아닌 다른 모든 사람(아버지까지 포함해) 자식을 세심하게 보살필 수 있기 때문이라 이야기했습니다.

저는 엄마가 되기 위해 아이를 키우기 위해 이 세상에 태어난 것이 아니었습니다. 내 어머니처럼 아이에게 헌신하지 못한다고 해서 죄책감을 느껴야 할 이유가 없다는 것도 알게 되었습니다. 모성애가 부족하다고요? 내 아이의 아픔이 나의 아픔입니다. 그것만으로도 충분합니다. 저의 모성애의 정도를 평가하고 판단할 사람은 이 세상 어디에도 없습니다. 여자라는 이유로 알게 모르게 희생하고 배려하고 봉사해 온 삶을 살아왔습니다. 그런데 이제 엄마라는 이유로 세상은 더한 희생과 더한 압박을 합니다. 엄마는 죄인이 아닙니다. 더는 엄마라는 이유로 강요하지 않았으면 좋겠습니다. 내 머릿속에 들어있는 생각들은 누구의 생각인가요? 누가 내 발목을 묶었나요? 아이는 평생 키우는 겁니다. 10살도 20살도 30살도 40살도 어미 눈엔 다 새끼일 뿐이니까요.

여성 리더라면 반드시 알아야 할 성공비결 3

모성애의 틀에 갇혀 자신을 학대하지 마세요.

4

나는 자유인일까요?

76세 어머니의 방송이 끝나고, 다음 회차 예고편이 자연스럽게 나왔습니다. '나(정도 돼)니까 참고 살았다'라는 내용의 배틀을 소개하더군요. 남편의 무능력함, 인사불성이 되어 집을 찾아오지 못한 이야기들, 남편의 바람, 그런데도 참고 살았던 것은 '나니까!' 였습니다. 서로 내가 더 힘든 삶을 살아냈음을 증명하는 배틀이었죠. 물론 이해합니다. 그녀들이 버텨낸 삶에 켜켜이 쌓인 한을 그렇게라도 풀어내는 것은 건강한 방법일 수 있겠지만, 순간 이런 글귀가 떠오르더군요.

> 노예로 사는 삶에 너무 익숙해지면
> 놀랍게도
> 자기 다리를 묶고 있는 쇠사슬을 서로
> 자랑하기 시작한다.
> 어느 쪽의 쇠사슬이 빛나는가,
> 더 무거운가.
> -리로이 존슨, 1968년 NY 할렘에서-

스스로 물어봅니다. 나는 노예입니까? 자유인입니까? 헌신과 배려는 귀중한 일이지만 누가 어떻게 하는지에 따라 달라집니다. 노예의 헌신과 배려는 당연한 일이기에 주인에게 감사받지 못하고 더 큰 요구에 응해 줘야 합니다.

"나, 오늘 자유 부인이야."
"와! 좋겠다."

무엇에서 벗어나 자유롭다는 뜻일까요? 자유 부인 소식에 친구들은 왜 열광하고 부러워할까요? 당연한 건 어디에도 없습니다. 우리의 자유는 누구에 의해 결정되는 걸까요? 당연한 일에 기뻐하는 건 자유인이 아닐지 모릅니다.

여성 리더라면 반드시 알아야 할 성공비결 4

매일 자유 부인이 되셔도 괜찮습니다.

5

축하받고 싶을 때 어떻게 하세요?

 생일에 대한 애착이 없는 편입니다. 그런 집안에서 자란 덕이겠지요. 아버지는 자신의 생일조차 아주 간소히 넘기셨습니다. 365일 생일상 같은 식탁을 어머니께 선물받으셔서 그랬을까요? 부모님은 당연히 자녀들의 생일을 챙겨주셨지만, 그날만을 손꼽아 기다릴 이유는 없었습니다. 섭섭함은 친구들에게서 왔죠. 분명 그 친구의 생일을 챙겨줬지만, 상대는 막상 내 생일을 모르고 지나칠 때, 괜히 서운하더군요. 사랑받지 못한다는 느낌 때문이었죠. 그래서 생각과 행동을 바꿨습니다. 생일이 다가오면 축하받고 싶은 사람들에게 미리 알리는 거죠. 내 감정을 지키기 위한 좀 뻔뻔하지만 건강한 방법이었습니다.

"아들. 다음 주 수요일 엄마 생일인 거 알아?"
"응. 알지. 당연히 알지."
"엄마 생일선물 뭐 해 줄 거야?"
"음…. 안 그래도 생각해 봤는데…. 엄마는 딱히 필요한 게 없는 거 같더라고."

사실이긴 합니다. 삶이 가벼워지면서 물욕이 생기지 않더라고요. 미니멀 라이프의 실천이 한몫했죠. 딱히 필요한 게 없는 건 사실이었지만, 눈꼬리가 살짝 올라가더군요. 이 녀석 봐라 싶었죠. 이런 생각을 하는 찰나에 아들은 이어 말합니다.

"그래서 내가 고민해 봤는데, 애플 워치…. 어때?"

올라가던 눈꼬리가 갑자기 하강 곡선을 그리더니 입꼬리와 하이파이브합니다.

"뭐라고? 너 애플 워치가 얼마나 비싼지 몰라? 그거 엄청 비싸."

"알지. 근데 나 돈 많아. 좀 부족하면 아빠한테 이야기해서 좀 보태달라고 하지 뭐."

아들과 엄마는 급속도로 가까워졌습니다. 머리를 맞대고 유튜브를 열고 애플 워치 공부를 합니다. 신상으로 나온 애플 워치가 가성비 좋다는 유튜버의 이야기를 듣고는 이걸로 하면 좋겠다고 하더군요. 그렇게 하라 했습니다. 사실 저는 기계를 좋아하지 않아요. 애플 워치 필요한지 잘 모르겠더라고요. 그 순간 SKⅡ를 놓친 엄마 생각이 났습니다. 필요하지 않아도 아들의 마음을 거절할 만큼의 쓸데없는 선물은 아닌 것 같아 고개를 끄덕였죠. 색상도 아들더러 결정하라 했습니다. 제 눈에는 다 똑같아 보였거든요. 관심이 딱히 없다는 말이죠.

"아들, 선물 정말 고마워. 그런데…. 이렇게 비싼 선물 엄마가 받아도 될까?"

이 말의 숨은 뜻은 '아들, 네가 이걸 사 준다고 해서 엄마가 다음 네 생일선물을 이런 비싼 걸 사 줄 거란 기대는 하지 마.'였습니다.

"괜찮아. 엄마는 이것보다 더 많은 걸 나한테 해 줬는데. 뭘."

정답을 이야기합니다. 아들 자랑을 이렇게 재수 없게 하는 거 보면 저도 별수 없는 엄마네요.

여성 리더라면 반드시 알아야 할 성공비결 5

사랑은 주고받는 겁니다. 꼭 받으세요.

6

인생 철학 있으시죠?

생일선물 이야기에서 아들이 어떻게 그런 큰돈이 있는지 궁금해하실 것 같아 저의 육아 철학을 잠시 소개할게요. 아들이 20살이 되면 부모로부터의 경제적, 정서적 독립을 했으면 합니다. 그러기 위해선 종잣돈이 필요하다고 생각했고, 아들의 명절 특별수당이나 용돈에 아무런 터치를 하지 않았습니다. 빠른 회수 대신 돈 관리를 직접하게 했죠. 지켜봤습니다. 수중에 돈이 많아지자 친구의 소금(중고 악기)을 10만 원을 주고 사 온 적도 있죠. 물론 거래 철회 방법은 제가 알려줬지만, 아들 혼자 그 집엘 가서 자초지종을 이야기하고 10만 원을 무사히 돌려받아 왔죠. 이것저것 물건을 사고 싶은 욕구를 조절하는 방법도 서서히 터득해 나갔어요. 부담스럽게 큰 금액이 되면 일정 금액을 남기고 자신의 이름으로 된 통장에 저축해 달라는 부탁에도 적극적으로 도왔습니다. 이런 사정으로 아들의 현금 보유량은 상당한 수준이라 예측해 봅니다.

아들이 유치원생이었어요. 드라마를 보는데 여주인공이 엄청 예쁜 목걸이를 하고 있더군요. 며칠 내내 그 목걸이가 아른거렸어요. 뭔가 제 돈 주고 사긴 아까운 데, 선물 받으면 참 좋을 것 같았거든요.

"아들, 엄마…. 저 목걸이가 너무 갖고 싶어."

"그래? 그럼 내가 사 줄게."

"저게 네 장난감을 싹 다 팔아도 안 될 만큼 비싸면 어쩌려고 그래?"

"아…. 그럴 수도 있구나. 아까 말 취소할게. 미안해. 얼마 정도 하는지 물어봐도 될까?"

"그래 그렇게 물어보는 게 맞아. 네 로봇 장난감 3~4개 정도 팔면 될 정도?"

"그럼 그렇게 하자. 엄마 목걸이 내가 사 줄게."

앞서 말한 이유와 마찬가지로 돈의 개념을 알려주고 싶어 유치원 때부터 중고 거래를 함께 시작했습니다. 장난감 두 개를 팔면 새로운 장난감 하나를 살 수 있는 규칙도 정해졌죠. 이 모든 이야기를 들으신 엄마는 손주를 껴안으며 한마디 하셨어요.

"아이고. 내 새끼 불쌍해서 어떡해."

받는 즐거움보다 주는 기쁨이 뭔지 알게 해 주고 싶었어요. 주는 사람의 위치가 된다는 게 무엇인지 느껴 봐야 하니까요. 더불어 목걸이를 받고 난 뒤 저는 세상 모든 아양과 오버액션으로 아들에게 감사 표현하는 걸 잊지 않았죠. 아들은 그 목걸이 사건을 평생 잊지 못할 겁니다. 아직도 가끔 그 이야기를 하거든요. 자기는 엄마한테 목걸이 사줬다고 의기양양해서 하죠. 이젠 애플 워치로 업데이트될 것 같네요. 아들이 어젠 저에게 물어보더군요.

"엄마는 할머니한테 뭐 사줬어?"

"엄마? 할머니한테 세탁기도 사 주고 냉장고도 사 주고 예쁜 옷도 사 주고 용돈도 넉넉히 드리고 할아버지한테는 차도 사

드렸지. 엄마가 사 드릴 수 있어 참 좋더라. 줄 수 있다는 건 참 행복한 일이거든."

 아들은 무슨 생각을 하는지 모르겠지만 마냥 즐거운 가을밤이었습니다.

> **여성 리더라면 반드시 알아야 할 성공비결 6**
>
> 받기만 하지 말고, 줄 줄 아는 사람이 되면 좋겠습니다.

7

리더가 해야 할 가장 중요한 일은 뭘까요?

대학원 수업 시간, 교수님께서 대뜸 이런 질문을 던지셨어요.

"리더는 뭐 하는 사람입니까?"

"성과를 내는 사람? 직원들 월급 잘 주는 사람? 목적의식을 잘 지키는 사람?" 학생들의 답변이 막 쏟아져 나왔어요. 다 틀렸대요. 땡땡땡. 리더는 뭐 하는 사람일까요? 여성리더 강의하러 가서도 똑같은 질문을 하는데요. 리더님들은 답하시기를 '앞서 나아가는 사람, 자기 주도적인 사람, 상대를 배려할 줄 아는 사람, 모두의 생각을 말해줄 수 있는 사람, 모두의 생각을 얘기하고 추진해 나갈 수 있는 사람, 조직을 이끄는 사람'이라고 대답해 주시더군요. 다 맞죠. 그런데 교수님이 원하는 정답은 바로 이거였어요. 정답을 듣고 저도 딱 밤 한 대를 기분 좋게 맞은 느낌이었답니다.

리더는 조직원을 행복하게 만들어 주는 사람입니다.

리더라고 하면 흔히 성과 내기, 효율적 업무 과정을 위한 빠른 선택, 탁월한 결과 이런 걸 생각하셨잖아요. 그런데 가만히 생각해 보면 중간관리자도 리더지만 엄마도 리더예요. 내가 우리 가정의 리더고 나아가 사회의 리더로서, 오늘 나는 내 팀원들을 행복하게 했는가? 라는 질문을 던져봅니다.

10년 전만 해도 카리스마 넘치는 리더가 부하직원의 선망 대상이었을지 몰라도 지금은 노동부로 가게 됩니다. 리더는 따뜻한 사람이어야 합니다. 머리는 차갑게, 눈빛은 따뜻하게,

손끝은 힘 있게, 손가락은 부드럽게, 내용은 정확하게, 말끝은 온화해야 합니다. 결단은 빨리하되 눈에는 독을 빼야 합니다. 방향성은 정확히 제시하되 부드러운 리더십이 필요해요. 말끝을 흐려선 안 되지만 분명 온기가 있어야 합니다.

나그네의 옷을 벗긴 게 누구인가요? 거센 바람이 아니라 따뜻한 햇살입니다. 휘몰아치는 리더라면 팀원들은 자신의 옷깃만 더 단단히 여미고 당신과 함께 있는 것을 지옥처럼 생각하며 언제 여길 떠나야 할지 고민합니다. 아무리 뛰어난 조직에 있다 하더라도 구성원 자신이 행복한 집단에 있을 때 자기 효율성이 가장 뛰어나게 되지요. 우리 그런 사람이 됩시다. 누군가를 행복하게 만들어 준다면 분명 누군가도 당신을 행복하게 만들어 줍니다.

여성 리더라면 반드시 알아야 할 성공비결 7

팀원의 행복을 위하는 사람이 진정한 리더입니다.

8

임파워링 리더십이 뭔가요?

 리더의 성공에 가장 중요한 것은 무엇일까? 라는 주제로 미국의 카네기재단에서 사회적으로 성공했다는 사람 1만 명을 5년 동안 조사했어요. 당신의 성공비결이 뭔가하고 물었어요. 결론은 인간관계였습니다. 전문성이 성공에 미친 영향은 15%, 나머지 85%는 인간관계라는 예상 못 한 결과가 나왔지요.

예를 들어 이런 거예요. 의사 선생님 하면 전문성이 엄청나게 뛰어나신 분이잖아요. 저희 어머니가 병원에 가서 이렇게 말합니다. 의사 선생님, 저 어깨가 안 올라가요. 했더니, 오십견인데요. 나이 들어 그렇습니다. 이런 팩트폭력이 누구에게 도움 될까요? 사람이 넘치는 병원엘 가면 선생님 말 한마디에 마음이 사르르 녹아요. "아이고! 우리 어머니 많이 힘드셨겠네. 어떻게 참았습니까! 많이 아프셨죠? 이제 괜찮아질 겁니다." 이 한마디면 끝나는 거잖아요.

성공의 85%는 전문성이 아니라 인간관계에 있습니다. 그러니 스스로 나는 전문성이 부족해, 아는 게 없어, 배운 게 없어, 지식이 부족해, 라고 생각하지 않으셨으면 좋겠어요. 무엇보다 중요한 건 인간관계입니다. 대인관계에 영향을 미치는 건 자아 정체감, 자기 효능감, 자존감, 의사결정 능력, 공감 수준이라고 하는데요. 다 아시는 내용이고, 이미 충분히 가지고 계실 겁니다.

그런데 리더가 이런 대인관계 능력을 더 신경 써야 하는 또 다른 이유가 있어요. 바로 임파워링 리더십을 실천하기 위해서입니다. 한국말로 하면 권한위임인데요. 쉽게 말해 '이 일은 당신이 결정하고 리더가 되세요'라고 말하는 거예요. 좀 더 분명히 말하자면 명확한 목표, 권한 책임, 지도를 제공해 맡은 일에 주인의식을 심어주는 리더십을 말합니다.

오너들끼리 만나면 항상 같은 대화를 하죠.
"요즘 애들 하나같이 엉망이야. 주인의식을 가지고 일하는 사람이 없어."
이건 요즘 애들의 문제가 아니에요. 시대의 문제가 아니라 늘 일어나는 현상입니다. 오너는 직원이 주인의식을 가지고, 자기 사업처럼 일했으면 하고 바라죠. 주인의식 있는 직원을 만드는 것은 월급, 휴가, 복지, 보상이 아니라 인간관계에서 시작됩니다.

임파워링 리더십을 실천하게 되면 첫 번째, 일에 대한 의미 부여가 강화돼요. 이 일을 그냥 돈 벌기 위해서 하는 일이 아니라 또 다른 가치가 충분하니 시련을 이기는 힘이 강해지는 거죠. 다음으론 의사결정이 빨라집니다. 리더가 이야기해요. 어떻게 할까요? 이럴까요? 저럴까요? 직원은 그냥 가만히 있습니다. 사장님 알아서 하세요. 그러고는 뒤에 가서 딴 얘길 합니다. 불평불만 하죠. 임파워링 리더십이 시작되면 이런 문제가 많이 줄어듭니다. 또한, 성과 달성에 의한 신뢰가 표현된다는 장점도 있습니다. 일의 효율성이 높아집니다.

우리 100% 성장 갑시다. 하면 100% 120%로 성장 가속도가 올라간다는 거죠. 자율성이 부여되기 때문에 직원으로서도 일을 편안하게 하고 돈도 잘 벌고 기분도 좋고 성과도 올라가는 긍정의 성장상태가 됩니다.

여성 리더라면 반드시 알아야 할 성공비결 8

권한위임의 시작은 인간관계입니다.

9

대화를 잘 끌어나가려면 무엇이 필요할까요?

어떤 리더가 대화를 잘하는 리더일까요?

첫 번째. 아이컨택을 잘해야 합니다. 대화할 때 눈을 맞추는 것이 당연한 일인데도 많은 리더들이 기본을 생략하시는 경우가 종종 있어요. 이게 문화적인 차이일 수도 있는데, 한국에서는 눈을 마주치는 게 약간 '싸우자, 덤벼라.' 이렇게 오해하실 수 있겠지만 절대 그렇지 않습니다. 서양에서는 눈을 안 마주치면 '저 사람 딴 꿍꿍이가 있구나, 나한테 뭔가 숨기는 게 있어, 저 사람 약간 수상해, 예의가 없어, 가정교육에 문제가 있구나,' 생각합니다. 가끔 뉴스를 보면 우리나라 정치인들이 외국 사람이랑 눈도 안 마주치고, 통역만 바라보며 대화하는 경우가 있어요. 안타까운 일이죠. 초보 리더일 때 저도 눈을 어떻게 마주치는지 몰라 눈만 쳐다봤어요. 그러니 다들 제 눈에서 레이저 튀어나오는 것 같아 무서워서 말을 못 하겠다고, 제발 그렇게 좀 쳐다보지 말라고 하더군요. 아이컨택은 눈을 보는 게 아니라는 걸 깨달았습니다. 직접 눈을 보기보다 마스크나 미간이나 인중을 응시하시면 아주 부드럽게 눈을 쳐다보는 것 같이 느껴집니다.

두 번째. 잘 들어라.

당연한 이야기죠? 다들 엄청나게 경청도 잘하실 거라 생각해요. 눈 마주치고, 웃어주고, 잘 들어주시되 약간의 물결을 쳐 주시는 센스가 필요합니다. 지방에 계시는 강한 스타일 대화에 익숙한 리더님들은 좀 더 많은 물결이 필요합니다. 맞지~ 그래~ 알겠다~ 아~ 그래요~ 그럴 수도 있겠네~ 네 말이 맞네~ 이렇게 말끝에 물결을 붙여 주시면 대화의 완성도가 높아집니다.

대화의 핵심 비법 세 번째. 물어보기입니다.

리더가 아무리 눈을 마주치고 잘 들어줘도 질문이 없으면 더는 대화로 이어지지 않습니다. 질문이 없다는 것은 관심이 없다는 뜻이죠. 직원이 문제를 이야기하는데 질문이 없으면 대화가 끊겨요.

질문을 잘하는 사람이 평균적으로 돈도 잘 벌고 성장 속도도 비교적 빠릅니다. 그런 리더는 똑똑하고 현명한 사람이라 어딜 가든 빛이 나죠. 그래요? 진짜? 이것만 하지 마시고 새로운 질문으로 관심을 표현해 봐요. '누가, 언제, 어디서, 무엇을, 어떻게, 왜, 그랬는지' 육하원칙만 잘 써서 질문해도 대화는 쉼 없이 이어져요. 불필요하다고 생각되는 대화 속에 문제의 실마리와 해결책이 나옵니다.

여성 리더라면 반드시 알아야 할 성공비결 9

대화의 3요소: 보고 듣고 묻자. 그리고 또 묻자.

10

상대방과 소통이
막히는 이유가 뭘까요?

 아이컨택, 경청, 질문, 이 세 가지를 다 잘했음에도 대화가 매끄럽지 않은 경우가 있어요. 이때 마음의 소리 들어 보셨나요?
 '와! 지금 뭔 생각이심? 말 같지도 않은 소리 하네. 도무지 이해가 안 된다. 어떻게 저따위 생각을 하지? 아, 답답하네.' 리더님은 속으로만 생각하시며 티를 전혀 안 냈다고 하시겠지만, 상대방은 이미 눈치챘을 거예요.

물론 세상에 이해 안 가는 사람들 정말 많지요. 그런데 하루에도 12번 바뀌는 게 사람 마음이잖아요. 내 마음을 나도 모르는데 내가 어찌 남의 마음을 알겠어요. 내 속으로 낳은 자식도 둘이면 둘, 셋이면 셋, 다 각기 다르잖아요. 내 배로 나온 자식 마음도 모르는데 남의 마음을 무슨 재간으로 알겠어요. 그래도 리더니까 어떻게 하면 사람의 마음을 좀 더 잘 이해할 수 있는지 이야기해 볼게요.

첫 번째, 나를 알아야 해요. 리더님이 좋아하는 것 5가지만 떠 올려보실래요? 10초 드릴게요. 잘 하셨어요. 그럼 이번에는 리더님이 싫어하는 것, 참을 수 없는 것 5가지만 떠 올려보세요.

금방 떠오르시나요?

정작 내가 싫어하는 건 잘 모르는 경우가 많아요. 싫어하는 게 뭔지 빠르고 정확하게 알수록 자신을 잘 지킬 수 있습니다. 그 선 넘지 마라! 경고할 수 있거든요. 서로 상처받지 않고 관계를 잘 유지하려면 좋아하는 것보다 싫어하는 게 뭔지 팀원과 공유하는 것이 필요합니다.

  시간 낭비를 상당히 싫어하는 편입니다. 초보 리더 때는 모든 사람의 이야기를 잘 들어 줬어요. 그래야 한다고 책에서 이야기하더라고요. 그런데 시간이 지날수록 저는 늘 전화통만 잡는 겁니다. 제가 해야 할 일이 점점 밀리고 일이 쌓이더라고요. 더 화가 나는 건 1~2시간의 통화가 끝나갈 때도 상대방의 고민이 해결되지도, 개선되지도 않은 채, 서로 피곤해지는 상황만 반복되더군요. 도움을 주고 싶어 제 시간과 에너지를 다 썼지만 하나마나 한 상황이 되면서 자괴감만 들더군요.

  그래서 결단합니다.
  "앞으로는 모든 통화는 15분 안으로 하겠습니다."
  모든 팀원에게 먼저 이야기 했어요. 이렇게까지 할 필요가 있을까? 하는 의문도 들었지만, 결과는 대만족이었죠. 시간과 에너지를 아낄 수 있었죠. 제가 싫어하는 게 뭔지 정확히 알고 선을 그어 주니 서로가 더 행복해졌답니다. 넘어서는 안 될 자기만의 구역을 분명하게 알려 주세요. 적당한 거리에서 서로를 바라볼 때 더 큰 안정감을 느끼고 더 큰 신뢰가 쌓여갑니다.

여성 리더라면 반드시 알아야 할 성공비결 10

나를 알면 알수록 상대를 이해하는 눈이 커집니다.

11

세상에 나와 같은 사람이 있을까요?

 인간을 크게 3종류로 나누면 머리형, 가슴형, 장형이 있어요. 답답한 일이 생겼다고 가정해 볼게요. 머리형은 머리를 싸맵니다. 예전 드라마에서 흔히 보는 시어머니 코스프레를 떠 올리면 됩니다. 머리에 끈 하나 질끈 묶고 식음을 전폐하고 누워계시는 유형이 머리형이에요. 다음으로 친정어머니

스타일이 가슴형입니다. '내가 그 생각만 하면 가슴이 무너지고 답답해' 하시며 말도 길게 못 하고 연신 가슴을 주먹으로 치시는 분들이 바로 이 유형이지요. 마지막으로 '에라 모르겠다. 이게 다 먹고 살자고 하는 건데 일단 밥 먹고 생각해 보자' 하는 사람들이 장형입니다. 이런 장형이 머리형에게 밥 먹으러 가자고 하면 어떻게 될까요? '지금 밥이 넘어가니? 너 돼지니?' 하시겠죠. 반대로 머리형은 누워서 잠을 자야 편안해지는데, 가슴형이 머리형을 보며 생각합니다. '지금 잠이 와? 도대체 무슨 생각이야? 이해가 안 되네'

리더공부는 사람 공부입니다. 에니어그램 강사 과정 수업을 처음 들었을 때 정말 충격적이었어요. '와…. 사람이 저렇게 생각할 수도 있구나.' 제 상식으로는 절대 받아들여지지 않는 생각과 행동이, 다른 유형의 사람들에게는 당연함이었죠. 한국말을 하는데도 통역관이 필요했어요. 긴 과정이 끝나고 정확히 깨달았습니다. '아! 세상에 내 맘 같은 사람 없구나!' 이해하기를 포기하잔 게 아니라 이해의 폭을 넓히는 것에 집중해야 한다는 뜻입니다. 리더의 마음이 손바닥만 하면 리더가 품을 수 있는 사람은 다섯 손가락도 안 됩니다. 리더의 마음 크기가 손바닥에서 운동장으로 확장돼야 합니다.

심리나 상담 도서로 공부하시는 것도 추천 드립니다. 같은 유형의 사람이라 하더라도 그 사람을 변화시키는 것은 과거의 사건들이겠지요. 부모님과의 관계, 유년시절, 트라우마 등등 인생의 크고 작은 사건들로 성격이나 생각, 태도가 달라지니까요. 그런 데이터를 경험으로 쌓기엔 시간상으로 불가능한 일이지요. 데이터를 많이 확보할수록 이해의 척도가 넓어질 수 있으니 자신에게 맞는 방법으로 사람 공부에 투자하세요. 남는 건 결국 사람입니다.

여성 리더라면 반드시 알아야 할 성공비결 11

사람을 남기려면 사람 공부가 필수입니다.

12

갈등 속에 합의점을 찾는 방법이 뭘까요?

직원을 채용할 때 이런 질문을 합니다.

"인생에 있어 가장 중요하게 생각하는 게 뭐예요?"

워라벨이란 답이 돌아온다면 오케이! 아르바이트생으로 쓰시면 됩니다. 반면 목표와 비전이 분명한 친구가 있다면 어떻게 해야 할까요? 공동의 목표를 3년 뒤, 5년 뒤, 이렇게 세팅할 테니 좀 더 열심히 해보자고 하겠죠. 일의 속도와 방향은 서로 합의되어야 합니다. 월급을 주었으니 무조건 내 방향과 속도대로 하자는 건 애초에 불가능합니다. 늘 이 사람의 가치관이 무엇인지 살피고 직접 물어야 합니다. 공통된 가치관을 찾고, 차이가 있더라도 합의점을 찾는 것이 리더의 역할입니다.

그렇다면 합의점은 어떻게 찾는가?
서로의 가치관을 확인할 때 절대 '기대'하시면 안 됩니다. 이 사람은 나와 잘 맞는 사람이니 분명 나랑 비슷한 생각일 거란 기대가 시작되면, 인간관계는 와르르 무너집니다. 분명 나랑 다른 생각이겠지만, 당신의 생각에 설득당하겠다는 자세로 대화를 이어가셔야 합니다. 하나를 덧붙이자면 말이 안 되는 얘기를 하더라도 적절히 호응해 줘야 합니다.
"당신 말이 맞아. 일리가 있어. 맞는 말이야. 좋은 생각이야. 나도 그렇게 생각해."

왜 거짓말을 하냐 하시겠죠?
친구가 미용실에 가서 머리를 싹둑 잘랐어요. 이때 뭐라고 하죠? 산뜻해 보이고 젊어 보인다고, 생기 있어 보이고 괜찮다고 하지 않나요. 대화의 정석은 '예쁘다'로 시작해 '잘

어울려'로 끝나야 합니다. 이 상황에서 자신은 절대 거짓말 못 하는 성격이라며 '얼굴이 커 보이네. 네가 송혜교인 줄 아냐'로 시작해 '다시는 그 미용실 가지 마'라고 한다면 그 관계는 끝입니다. 거짓말이 아니라 예의라고 생각해 주세요. 영어에는 이런 표현이 꽤 많아요.

I agree with you, but~ (저도 당신의 말에 동의하지만~)
I'd like to, but I can't. (저도 그러고 싶지만, 안 되겠어요.)

영어는 직설적인 언어라고 생각했는데 아닙니다. 예의 있고 솔직한 언어입니다. No! 를 대화에서 직접 쓰는 것은 좋은 태도가 아니죠. 한국말에도 이런 예의를 가져봅시다. 우리는 리더니까요.

여성 리더라면 반드시 알아야 할 성공비결 12

나도 그렇게 생각해! 한마디에 팀원의 어깨는 춤을 춥니다.

13

회의시간이 조용한 이유를 아시나요?

 회의시간이면 말이 뚝 끊깁니다. 창의적인 생각은 커녕 깊은 적막만 흐릅니다. 이런 상황이 생긴다면 리더님은 무조건! 반성하셔야 해요. 이유가 뭘까요? 팀원은 이렇게 생각합니다.
 '말해봤자, 어자피 네 마음대로 할 거잖아요. 제 의견은 깡그리 무시될 거잖아요. 게다가 당신과의 대화? 하나도 재미없어요. 예, 예, 예, 빨리만 마칩시다.'

이 상황을 어떻게 해결할 수 있을까요?

리더와 함께하는 시간은 즐거워야 해요. 즐거운 사람이 되려면 신뢰가 기본입니다. 즐거운 사람은 하하 호호하는 사람인데 왜 신뢰가 필요할까요? 신뢰가 없으면 속마음을 이야기할 수 없어요. 속마음을 터놓을 수 없는 관계는 불편하고 재미가 없죠. 농담을 잘하고 분위기를 잘 만드는 것만이 즐거운 게 아닙니다. 리더가 자기 생각을 정직하게 털어놓을 수 있고, 상대방의 마음을 받아들여 주는 열린 자세가 있어야 비로소 즐거워집니다.

여자들만 있는 사무실에선 화장실 가기가 무섭다는 이야기가 들립니다. 회식도 절대 빠지면 안 되죠. 한 명이 자리를 뜨는 순간 어떤 이야기가 오갈지 뻔히 그려지기 때문에 두려워서 화장실도 못 가고 사무실 책상을 지켜야 하는 문화 속에서 무슨 자유로운 생각과 토론이 오갈까요? 창의적 해결 방법 같은 걸 바라시면 안 되죠. 애초에 불가능한 일이니까요!

뒷담화 금지 문화를 만드시고 언제 어디서든 남 얘기하지 마세요. 부정의 힘을 통해 즐거운 대화를 이어가는 건, 서로의 신뢰를 깨뜨리는 가장 빠른 길입니다. 공개적으로 뒷담화를 싫어한다고 한마디만 하시면 돼요. 물론 팀원 모두를 위해 누군가의 문제행동에 관해 이야기를 들어줘야 할 때가 있죠. 그게 뒷담화가 아니냐고요? -뒷담화는 해결을 위한 대화가 아니라 질투, 불평, 오해 등의 감정만 일으키는 대화죠. 조직의 문화를 위해 문제행동이 되는 사항을 정확히 확인하고 해결점을 제시하는 대화는 뒷담화가 아닙니다.- 지금의 대화는 우리 둘만의 이야기이고 내 귀에 들어온 이야기는 다른 곳으로 절대 새지 않는다는 믿음을 심어줍니다. 한두 달로 되는 건 아니죠.

리더의 입은 무거워야 합니다. 내 이야기는 쉽게 하지만 남의 이야기에는 철문으로 꽁꽁 싸매야 합니다. 물론 좋은 이야기는 퍼트리죠. 일 잘한다. 능력 좋다. 센스 넘친다 등의 좋은 이야기는 직접 하는 것보다 다른 사람에게 돌려 칭찬하는 것이 훨씬 좋습니다. 솔루션이 필요한 이야기는 감정을 빼고 사실 확인만 합니다. 그렇게 조금씩 신뢰가 쌓입니다. 회의시간이 즐거워집니다. 당신의 팀은 성공을 향해 빠르게 달려갑니다.

여성 리더라면 반드시 알아야 할 성공비결 13

**뒷담화해야 속이 풀리겠다면 벽보고 혼자 하세요.
팀원에게 부정의 에너지를 주지 마세요.**

14

리더는 언제 용기를 내야 할까요?

그릇을 다른 말로 용기라고 합니다. 리더는 큰 그릇이어야 하며 동시에 큰 용기도 필요합니다. 그래야 더 많은 사람을 담을 수 있으니까요. 용기 있는 리더는 무엇이 필요할까요? 불가능한 일에 도전할 용기, 뒷담화 금지를 선언할 용기, 정직할 용기도 필요하겠지만 제일 큰 용기는 '사과하기'가 아닐까요?

　사과하면 스스로 루저가 된다고 생각하시는 분들도 있던데요. 그런 분들은 리더가 아니에요. 실수한 것이 있다면 공개적으로 진정성 있게 사과하는 사람이 리더입니다. 구차하게 사과하지 마세요. 구구절절한 변명 필요 없습니다. "제 생각이 좀 짧았네요. 아까는 죄송합니다."하면 됩니다. 이걸 본 팀원들은 '저 리더 찐따다'라고 생각할까요? 아닙니다. '리더도 실수하는구나. 진정성 있게 사과하면 되는구나!' 하고 배워요. 누구나 실수합니다. 리더도 사람이잖아요. 대신 차이점이 있다면 훌륭한 리더는 실수했을 때, 빠르게 인정하고 빠르게 사과하는 사람입니다. 매번 실수하고 사과를 반복할 수도 있겠지만, 분명 실수는 눈에 띄게 줄어들 겁니다. 감정 처리하는 법을 깨달아가며 모범이 되는 사람이 되겠죠. 문화를 만드는 일은 보여주기에서 시작됩니다.

　사과는 하고 싶은데 막상 입이 떨어지지 않을 수 있어요. 피하고 싶고 숨고 싶을 수 있죠. 살다 보면 그럴 수 있지 하며 넘기고 싶겠지만 분명 그 순간 팀원들은 리더를 보고 있습니다. 그러니 용기를 내세요. 실수를 만회하고 책임지는 자세를 보여주세요. 긴 사과는 핑계가 됩니다. 짧게, 정중하게,

진정성 있게, 핑계 대지 말고, 사과하세요. 3초의 용기가 3년의 명성이 되고 3년의 용기가 리더의 30년을 좌우합니다.

> **여성 리더라면 반드시 알아야 할 성공비결 14**
>
> 실수를 책임지는 가장 쉬운 방법은 사퇴가 아니라 빠른 사과입니다.

2장

엔잡러로 리드하라

개인적으로 상당히 대답하기 곤란한 질문이

"어떤 일 하세요?" 입니다.

얼마 전까지만 해도 정체성의 혼란이 생길 만큼 심각한

문제이기도 했어요. 사람들이 비슷한 이야기를 했거든요.

"도대체 너는 뭐 하는 사람이야?"

이유는 제가 하는 일이 꽤 많기 때문입니다.

스스로 나인잡스라고 하는데요. 9개의 직업을 가지고 있다는

뜻입니다. '몸은 하난데 이게 가능해?' 하실 텐데요.

이번 장에서는 그 시작과 끝에 대해 말씀드릴게요.

15

엔잡러 관심 있으세요?

　N잡러의 N은 복수를 나타내는 뜻입니다. 잡은 Job(일, 직업)을 말하지요. 러는 '-하는 사람'을 의미해요. 합해서 엔잡러는 한가지일이 아니라 여러 일을 하는 사람을 나타내는 말입니다.
　제 인생의 첫 직업은 영어 강사였어요. 영문과를 다니면서 시작한 영어 과외와 학원 수업으로 꽤 여유롭게 대학 생활을 했죠. 미국에서 인턴십을 마치고 4학년 2학기에 삼촌이 경영하는 큰 학원으로 스카우트 됩니다. 정말 열심히 일했어요. 그러다 번아웃이 왔고 영어 교수법을 좀 더 공부해야겠다는 생각으로 호주로 떠납니다. 주입식 교육방법이 아닌 글로벌 교수법을 배우고 싶었어요. 교사 중심이 아닌 학생 중심의 수업방식이 참 인상적이었죠. 생각해 보면 리더 교육의 시작이 이때부터가 아니었나 싶어요. 교실을 이끌어 가는 리더가 일방적이면 교실은 전쟁터가 된다는 걸 알게 되었으니까요. 암튼 그렇게 몸값을 좀 더 올린 뒤, 한국으로 돌아와 연봉 4500만 원을 받으며 잘나가는 영어 강사로 이름을 날리려는 찰나에! 결혼합니다.

박장대소 할 준비 되셨나요? 당시 제 꿈은 현모양처였어요. 미쳤죠. 2007년 20대 여자의 꿈이 현모양처라니, 도대체 누가 제 발목에 쇠사슬을 채운 걸까요?

남편의 저녁 식탁을 차려주지 않으면 나쁜 아내라는 생각으로 초등학교로 직장을 옮깁니다. 당시 이명박 정부가 만든 새로운 직업이 있었는데요. '영어회화 전문 강사'였어요. 우연히 공고를 보게 되고 지원했죠. 서류전형을 거쳐 면접도 보고 수업시연도 했죠. 지역에서 수석으로 뽑혔을 겁니다.

교육열이 가장 높다는 학교로 지정발령을 받았죠. 방학도 있고 당연히 주말도 쉬고 칼퇴근에 육아휴직, 정년까지 일 할 수 있었죠. 편했지만 즐겁지 않았습니다. 그렇게 꾸역꾸역 5년을 버티던 중에 사건이 터졌습니다.

대학을 졸업하기도 전 남동생이 이러더군요.
"누나, 난 남 밑에서 일 못 하겠다. 내 사업 해야겠어."
우스갯소리로 흘려들었는데 남동생은 정말로 혼자 사업을 시작했고 나름 잘 꾸려가더군요. 축하의 마음과 동시에 나라고 못 하겠냐는 강력한 도전정신이 생기더군요. 까짓거 그거 하나 못하겠냐 싶었죠. 나보다 공부도 못하고 능력도 없어 보이는 동생도(?) 저렇게 해냈는데 내가 왜 못하냐 싶은 배짱도 있었어요. 그 길로 초등학교를 그만두고 공부방 사업을 시작했지요. 근무시간은 반으로 줄었고 수익은 배를 넘었죠. 삶의 질이 달라지니 여유가 생기더군요. 동시에 이런 생각이 들었습니다.
'이 좋은 걸 권유하는 사람이 왜 내 인생에 단 한 명도 없었지?'
공부 열심히 해서 좋은 대학가고, 안정된 직장 들어가고, 결혼하고, 애 낳으란 이야기는 귀에 못이 박히게 들었는데 왜! 안정된 직장을 만드는 사람이 되어보란 이야기는, 단 한

번도 듣지 못했을까? 여자여서? 내 능력이 부족해서? 수많은 생각이 스쳐 갔습니다. 혼자 내린 결론은 이렇습니다.

'경험하지 못한 일은 권유할 수 없구나.'

여성 리더라면 반드시 알아야 할 성공비결 15

일단 해보자! 행동력만이 두려움을 이길 수 있습니다.

16

세계적 리더들의 공통점은 뭘까요?

　공부방은 오후 2시 시작됩니다. 오전에 생긴 여유 덕분에 세상이 달라 보이더군요. 내가 왜 그 좁은 교실에서 먼지를 들이키며 스트레스를 안고 살았나 싶더군요. 오전 햇볕은 이토록 따뜻한데, 바람은 이렇게 살랑거리는데, 꽃이 피고 지는 소리도 못 듣고 살 뻔했구나 싶더군요.

하지만 방심은 금물, 흥얼거리는 마음 사이로 올라오는 불안감을 다스려야 했습니다. 전 직장 동료들과 부모님 모두 걱정이 많으셨어요. 저렇게 나가면 결국 후회할 거란 눈초리였죠. 제 결정이 옳다는 걸 증명해 보이고 싶었어요.

아침 9시 반, 병설유치원에 아이를 데려다주고는 도서관으로 매일 출근했습니다. 온갖 종류의 책을 다 읽었죠. 매일 같이 도서관 식당에서 점심을 먹으며 수험생처럼 공부했어요. 편독하지 않기 위해 도서관 총서 분류표에 맞춰 책을 골고루 읽었어요. 000번부터 100번. 200번, 300번 이런 식으로 책들이 분류되어 있거든요. 각 번호 대에서 한 권씩 골라가며 다양한 종류의 책을 읽었죠. 그러다가 번뜩이는 아이디어가 생겼습니다. 책에서 돈 냄새가 나더라고요. 앗! 이거다 싶어 그길로 제가 찾는 물건을 보유한 부동산을 찾아 헤맸고, 제 인생 첫 투자가 시작되었죠. 월세 받는 여자가 된 겁니다.

책을 읽고, 읽고 또 읽다 보면 벼락 맞는 순간이 가끔 있어요. 통찰력이 생깁니다. 이럴 때 그 에너지를 무른 척 마시고 일단 저지르셔야 해요. 저의 첫 투자는 그렇게 성공했죠. 월세를 받으니 빚 갚는 속도가 빨라지더군요. 사는 집에 욕심을 버렸죠. 깔고 앉아 있는 집에 투자하지 말자.

가난한 아빠(선비정신이 투철한) 밑에서 자란 저는, 부자 아빠를 찾아 나서야 했어요. 책은 든든한 부자 아빠가 되어 주었습니다.

 부동산 투자를 넘어 진짜 나에게 투자하는 밑거름의 시작이었죠. 한 곳에 매몰되지 않도록 노력했어요. 지금 당장 필요하지 않을 내용이라도 씹어 삼켰습니다. 지금이 중요한 게 아니라 내 미래를 위한 바닥을 탄탄하게 다져야 했거든요. 무엇을 어떻게 해야 할지 답답했죠. 답은 책에 있었습니다. 세계를 흔드는 사람들의 공통점은 독서였으니까요.

> **여성 리더라면 반드시 알아야 할 성공비결 16**
>
> 무조건 읽자. 따지지 말고 읽자. 몰라도 그냥 읽자.

17

인생을 바꾼 말 한마디가 있나요?

옥복녀 선생님의 부모교육 강의를 들었어요. 강의를 마치고는 문득 저한테 이러시는 거예요.

"책 써요."

"아니, 제가 무슨 책을 써요. 그건 아무나 못 하는 거잖아요."

"아니야. 자기도 충분히 할 수 있어요. 책 써요."

처음 보는 사람이었지만, 닮고 싶은 사람의 다정한 조언 한마디가 제 마음을 움직였습니다. 눈 딱 감고 한번 해봐도 괜찮겠다 싶었죠.

제 인생을 바꾼 말 한마디는 "책 써요"였습니다. 그 말을 시작으로 책을 썼어요. 이은대 사부님 덕분에 작가의 삶이 시작되었습니다. 인생의 사부님이시죠.

책을 쓰다가 치유의 글쓰기도 개발하게 되었죠. 내 안의 상처를 회복할 수 있는 도구를 발견했고 덕분에 마음을 치유하고 다양한 종류의 책을 쓰기 시작했죠. 당연히 열심히 했어요. 밤낮없이 책 생각만 했고 책만 썼죠. 그러면서 베스트셀러가 되고 중국과 대만으로 수출하는 작가가 되었습니다. 가끔 독자들의 편지를 받고 밤잠 설치며 혼자 천장을 보며 배시시 웃는 일도 생겼죠. 2022년 올 한해 이 책을 포함해 3권의 책이 출간되었습니다.

이 책이 11번째 책이에요. 작가는 아무나 될 수 없다는 건 스스로 만든 허상이었지요. 상상도 못 할 일이 벌어지고 있지만, 그 시작은 말 한마디였답니다.

때로는 귀가 얇은 사람이 되셨으면 합니다. 자신의 이익과 상관없는 베푸는 조언에는 분명 힘이 있으니까요.

여성 리더라면 반드시 알아야 할 성공비결 17

아무나 못 하는 일에 도전하는 게 리더입니다.

18

파이프라인 만들고 싶으신가요?

작가가 되고 여러 권의 책을 내면서 다양한 출판사와 작업을 했어요. 작가와 에디터의 관계로 가끔은 출판사 대표님들과도 작업을 했죠. 결론은 이 일로 제3의 월급이 생기기 시작했습니다. 메인 직업이 제1의 월급, 월세가 제2의 월급, 제3의 또 다른 파이프라인이 생긴 셈이죠. 운이 좋았다고 이야기 하고 싶지만, 여러분의 궁금증에 전혀 도움 되지 않을 것 같아 저만의 비결이 뭘까? 뭐라고 말씀 드릴까 고민해 봤습니다.

일요? 당연히 잘 했습니다. 누군가의 기대에서 나아가, 좀 더 나은 결과를 가질 수 있게 했죠. 잔머리 쓰지 않았습니다. 이게 나에게 유익이 될까? 돈이 될까? 에 고민하지 않았습니다. 인사를 잘 했어요. '감사합니다' 말하는 것에 인색하지 않았어요. 모든 일을 제 일 하듯 했어요. 보수에 집착하지 않았어요. 멋있어 보이는 일에만 집중한 것도 아닙니다. 전혀 티 나지 않는 일도 상관 않고 했어요. 그게 결국은 내 능력이 될 거고, 내 경험이 되어 더 큰 성장점이 된다는 점을 의심하지 않았죠. 이건 작가가 해야 할 일이 아니라 출판사가 할 일 아닌가? 라고 생각되는 부분에서도 그냥 했어요. 불평불만 하지 않았죠.

그러던 어느 날, 한 출판사에서 제안이 들어옵니다. "작가님, 이런 책 쓰실 수 있으세요?" 기획 출간이었죠. 그렇게 또 다른 일이 생기고 결국 고정수익이 발생하기 시작합니다. 지금 내 모습이 너무 초라하다 생각지 마세요. 세상일 어떻게 될지 지나봐야 알거든요. 몇 년 전만 하더라도 지금의 저는 상상

속에도 없었답니다. 제가 여러분께 이런 내용을 전달할 수 있으리란 꿈도 꾸지 않았죠. 몰랐으니까요. 그래서 씁니다. 당신의 잠재력을 믿으세요. 우리 함께 갑시다.

> **여성 리더라면 반드시 알아야 할 성공비결 18**
>
> 남들의 기대치에서 아주 조금만 더 나은 결과를 만들어 보세요.

19

무엇부터 시작해야 할지 모르시겠다고요?

언제부터 책과 친해졌나 생각해 봅니다. 학창시절, 있어 보이려는 마음에 아무도 빌리지 않는 대하소설을 읽기 시작했어요. 공부가 하기 싫어 도서관으로 도망친 걸지도 몰라요. 시간이 흘러 나에게 투자해야겠다는 생각으로 다시 책을 집어 들었고, 누군가의 말 한마디에 작가가 되었죠.

새로운 파이프라인을 위해서 가장 쉬운 일은 책 읽기였어요. 책이 있기에 월세 수익 생겼고 교육사업이 잘됐고 상담 능력이 올랐고 육아에 힘을 뺐고 인간관계가 편해졌죠. 새로운 통찰력이 생기고 사업아이디어로 확장되고 한마디로 책장을 펼 때마다 돈을 발견하는 기분입니다. 결국, 책과는 떨어지려야 떨어질 수 없는 사이가 되었죠.

그러던 중 갑자기 이런 생각이 들더군요.
'사람들과 같이 책을 읽어야겠어.'
그렇게 독서모임이 시작되었어요. 혼자 읽으라 하면 도망갔을 책들을 같이 읽다 보니 즐거웠어요. 취미 생활의 진보였죠. 그러다 독서모임에 참여하시는 한 분이 이런 말씀을 합니다.

"저도 작가님처럼 독서모임 리더가 되고 싶어요."

그렇게 독서 리더 양성 과정이 만들어졌어요. 제가 하는 공부방이 잘 되니 주변 선생님들이 비결을 좀 알려주면 좋겠다 하셔서 '월 천 클래스'로 강의가 열렸어요. 영문법 책을 쓰고 강의를 열어주면 좋겠다 하셔서 문법 강의도 열었죠. 그러면서 또 수익이 발생합니다.

취미였던 독서가 또 다른 일이 되고 그러면서 네트워크가 쌓였습니다. 누군가 필요로 하는 것들을 저에게 요구하면 '오케이, 혼자만 잘 먹고 잘 살지 않겠습니다. 제 비결 다 알려드릴게요.' 이 마음이 생겼어요. 모든 것을 다 알려준다고 해서 똑같이 되진 않습니다. 핵심기술은 나만 알고 남겨둬야지 이런 생각 전혀 하지 않았습니다. 내가 할 수 있는 것, 줄 수 있는 것 그 이상의 무언가를 드리려고 항상 노력 했어요.

독서는 더더구나 특별히 기술이 필요한 취미가 아니잖아요. 책 읽는 것뿐이니까요. 하지만 그 과정에서 이야기를 끌어내는 질문법과 운영기술들이 개발될 수 있었죠. 덕분에 다른 직업에도 영향을 미치게 됩니다. 일의 효율성이 높아지고 성과는 오르게 됩니다. 인간관계는 말할 것도 없지요. 네트워크의 힘은 엄청나거든요. 일은 사람이 합니다. 사람은 사람을 연결해 줍니다. 여기서 맺은 소중한 인연들이 또 다른 직업을 만들어 내고 또 다른 일거리가 또 다른 파이프라인을 만들어 주더군요. 사소해 보이는 것일수록 소중히 여겨주세요.

여성 리더라면 반드시 알아야 할 성공비결 19

취미를 혼자만의 것이 아닌 공유할 것으로 만들어 보세요.

20

자신을 추천할 자신 있나요?

아들의 중학교 입학을 준비하는 과정에 학부모 면접이 있더군요. 물론 학부모 면접이 학생점수에는 아무런 영향을 주지 않는다고 적혀 있었어요. 면접 전에 학부모 지원서를 써야 하는데 마지막 질문이 눈에 띄었습니다.

당신은 사회를 위해 어떤 봉사활동을 하셨나요?

쓸 말이 있어 정말 다행이란 생각이 들었어요. 제가 무슨 봉사심이 엄청 투철한 사람은 절대 아닙니다만 어쩌다 보니 여러 봉사활동을 하고 있더라고요.

몇 년 전, 제가 존경하는 조경애 이사님의 권유가 있었죠.
"우리 Y에 봉사할 사람이 필요한데…. 이사로 섬겨 주시면 안 될까요?"
처음엔 손사래를 쳤습니다. 아니 제가 뭐 할 줄 아는 것도 없는데 그건 좀 어려울 것 같다고 정중히 거절했죠. 하지만 이사님은 포기하지 않으시고 매년 권유를 하셨죠. 어르신 말씀에 여러 번 거절 하는 것도 도리가 아니겠다 싶어 이사가 됩니다. 대단한 사명감으로 시작한 일은 아니었지만 알면 알수록 제가 꼭 해야 할 일이라는 생각이 들었어요. 여성을 위한 단체가 바로 YWCA란 확신이 들었죠. 할 줄 아는 건 없지만 즐거운 마음으로 참여하고 배우고 실천하는 중입니다. 그런데 희한하게 분명 봉사를 하러 갔는데 얻는 게 더 많은 것 같아요.

재능기부 교육을 통해 알게 된 또 다른 분이 제안을 하나 주셨어요. 봉사활동 단체를 하나 계획 중인데 회장이 필요하다 하시면서 느닷없이 저 보고 하라 십니다. 그 전의 경험이 있었기 때문이겠죠? 3초 고민하고 "네, 알겠습니다."하고 대답했어요. 뭔지도 모르면서 말이죠. 시작하면서 많이 배웠습니다. 더 다양한 사람들을 만나게 되고 네트워크가 더 단단해지더군요. 좋은 일을 한다는 즐거운 기분이 에너지가 되고 또 다른 일이 되어 선순환되더군요. 가만히 생각해 봤습니다. 왜 나에게 이런 일들이 생길까? 입장 바꿔 생각해 보니 이유를 알겠더군요.

사람들은 누군가에게 처음부터 일을 주진 않고 그저 묵묵히 지켜봅니다. 사소한 것부터 당신이란 사람이 어떤 식으로 행동하고 실천하고 마무리하는지 늘 지켜보고 있어요. 말과 행동이 다른가? 뒷머리를 쓰는가? 딴생각하는가? 치사한가? 셈이 빠른가? 다 살펴요. 하나만 봐도 열을 안다는 말은 사실 틀렸어요. 열을 보고 하나를 결정하죠. 하루 이틀 살펴보는 게 아니라 티 안 나게 계속 살펴보다가 '아! 믿을 만하네. 센스 있는걸. 일 시켜도 괜찮겠네' 하는 신뢰가 생기면 그때부터 일을 몰아주기 시작합니다.

윗사람만 아랫사람을 지켜볼까요? 아닙니다. 아랫사람도 윗사람을 평가합니다. 자기 기준에 맞다 싶으면 어디든 추천해 줍니다. 새로운 프로젝트에 같이 해 보자는 연락이 줄줄 이어집니다.

여성 리더라면 반드시 알아야 할 성공비결 20

누군가는 지금도 당신을 묵묵히 지켜보고 있어요.

21

과연 제가 할 수 있을까요?

청소년 진로교육 강의를 하면서 김혜덕 대표님의 진정성에 감탄했습니다. 강사들과 아이들을 대하는 태도, 교육에 대한 진정성과 사명감, 끊임없이 개발하고 노력하는 정신력에 존경하지 않을 수 없었어요. 어떻게 하면 대표님께 도움이 될 수 있을까를 고민하다 더 많은 양질의 선생님이 필요하단 결론이 나왔죠. 주변 선생님들을 모집하고 교육했어요. 교육 코치였죠. 강의를 풀어나가는 능력, 교실에서 다양한 아이들을 다루는 방법, 메시지를 정확하게 전달하는 능력, 강사의 태도 등, 제가 아는 것들을 다 풀어냈어요. 대표님이 제게 부탁하신 일이 아니었지만, 아이들에게 더 친절한 강사 선생님을 양성하고 싶었어요. 대표님과 강사님들을 위한 일처럼 보였겠지만 제일 큰 덕을 본 건 저였답니다. 제 전달 능력이 향상되었고 신뢰가 쌓였고 리더십을 펼칠 기회였으니까요.

어느 날은 제 책 〈설레는 일만해도 괜찮아〉 강연회에 참석하셨던 교육팀장님께 연락이 왔어요.
"대학에서 3시간짜리 여성 리더 교육을 기획하는데 강의 가능하실까요?"
제가요? 라는 마음이 목 끝까지 올라왔지만 시원하게 대답했습니다.
"네. 할 수 있어요. 최선을 다하겠습니다."
사실 이 책도 3시간짜리 강의를 준비하면서 만들어졌답니다. '한국여성리더연구소'를 만들고 여성 리더 100명을 배출하겠다는 원대한 꿈이 있었죠. 여성이 성장하고 연대하는 사회를 만들고 싶었어요. '여성가장들의 역량 강화'가 목적이었죠. 그런 마음으로 책을 쓰던 차에 자신감은 구멍

난 풍선처럼 쭉쭉 빠졌어요. 전문 지식도 아닌 제 소소한 경험들이 과연 누군가에게 도움이나 될까 싶었죠. 좀 더 능력을 쌓고 도전해야겠다고 생각하던 차에 리더강의 요청이 들어왔고, 이게 하나님의 뜻이겠구나 하는 마음으로 다시 시작했어요.

못 먹어도 고! 정신이 필요합니다. 할 수 있냐는 질문에는 무조건 '네!'라고 대답한 뒤, 주어진 시간 동안 최선을 다하세요. 적당한 선에서 마무리 짓지 마세요. 시간이 지나면 좀 더 나아질 거란 어설픈 희망에 빠지지 마세요. 최선이 전부가 아닐 때가 많아요. 스스로 명품이 되길 바랍니다. 적당히 누구나 할 수 있는 만큼을 최선이라 여기지 않길 바라요. 젖 먹던 힘까지 내는 것, 최선을 뛰어넘는 무언가가 필요합니다.

> **여성 리더라면 반드시 알아야 할 성공비결 21**
>
> 할 수 있다! 믿고, 최선을 넘어, 감탄하게 만드세요.

22

결정하기 힘들어 답답하시죠?

　세상이 달라졌어요. 한 우물에 집중 말고 여러 우물을 동시에 파야 합니다.
　작가가 되고 엔잡러가 되면서 새로운 도전으로 출판사를 엽니다. '에라 모르겠다. 못할 게 뭐 있겠어'라는 순수한 마음이었습니다. 신앙 도서를 출간하고 싶었는데 신앙 도서는 사실 출간이 어려웠던 이유도 한몫 했죠. 그런데 이게 웬일입니까. 팀원들 덕분에 다양한 사업으로 확장됩니다. 국가사업에 도전합니다. 문화진흥원 사업비를 따내고 '치유의 글쓰기'로 작가님들을 모집하고 〈글로 눈물을 닦다〉를 뚝딱 만들어 냈습니다. 지금 쓰고 있는 책도 1인 창조기업의 사업비를 보조받아 완성되었죠.

이런 이야기를 듣다 보니 제가 뭐든 잘 할 것 같이 보이시죠? 혹자는 '그게 너니까 가능한 일이야!' 하더군요. 과연 그럴까요? 6년 전, 사업자 등록증 하나에 벌벌 떨었어요. 15평짜리 사무실 계약하는데 자그마치 2년이 걸렸어요. 사업자를 낼까 말까 똑같은 고민을 매일같이 했어요. '망하면 어쩌지? 안 망하려면 어떻게 하지? 내 생각처럼 이윤이 날까? 내가 지금 하는 게 맞을까? 안 하는 게 맞을까?' 그 생각을 하며 계산기만 두드렸어요. 다 쓸데없는 헛짓거리였죠. 왜냐면 49와 51의 문제였거든요. 심각하게 고민할 일도 아닌데 제 시간과 열정과 에너지만 날린 거죠.

자리가 사람을 만듭니다. 대표라는 직함은 아무나 달 수 있어요. 거창한 용기가 필요하지 않아요. 리더가 되지 않았다면 여전히 저는 코흘리개 꼬마처럼 유치한 생각만 했을 겁니다. 종종 '멋지다'라는 이야기를 들어요. 혼자 속으로 엄청 웃습니다. 제 과거를 알면 그런 이야기가 쏙 들어갈 텐데 하고 말이죠. 찌질했던 제가 과분한 칭찬과 격려를 받네요. 대표라는 직함이 가진 기대치에 맞춰야 하니 자동 성장이 되더군요.

여성 리더라면 반드시 알아야 할 성공비결 22

고민이 길어지는 건 49대 51의 문제이기 때문입니다.

23

설레는 일이 있으신가요?

나인 잡스 덕분에 올해 건물주가 되면서 10번째 잡스를 준비 중입니다. 저를 직접 보신 분들은 얼굴이 반지르르 한 게, 금수저야? 생각하실 수 있는데요. 13년 전, 저에겐 우울증과 현금 29만 원이 전부였어요. 앞에서 나인 잡스를 소개해 드렸다면 뒷장에서는 좀 더 구체적으로 어떤 마음가짐과 행동으로 그 상황을 이겨냈는지 알려 드릴게요.

새로운 사업은 수학 프랜차이즈 교육사업입니다. 영어 선생인 제가 '무슨 수학?' 하실 수 있겠죠. 게다가 저 수포자입니다. (하하하)

사실 제 마음을 가장 설레게 하는 일은 '여성 가장들의 경제적·정서적 자립을 돕는 일'입니다. 몇 번 혼자 시도해 봤는데 역부족이더군요. 협력이 필요했습니다. 최종 목표를 달성하기 위해 어려움에 놓인 여성들의 독립과 성장을 이끌어 줄 리더님들을 만들기로 합니다. 단기목표가 '여성 리더 100명 양성'이고, 장기목표는 그들과 함께 '여성연대'를 이루는 거죠.

신기하게도 주변 리더님들의 전문 분야가 대부분 수학과 교육이었습니다. 여성가장들이 사업을 시작하기에 영어보다는 수학이 상대적으로 문턱이 낮을 거란 생각도 있었죠. 아들 수학 공부를 봐 주면서 수포자도 수학 선생 할 수 있겠다는 자신감도 한몫했죠. 상담 및 프로그램 운영, 강의력, 운영능력 등에서도 충분히 타 업체와 비교해도 경쟁력이 있다는 판단에 수학학원, 공부방 프랜차이즈 사업을 결정하여 준비 중입니다.

사실 막막합니다. 과연 잘 할 수 있을까 고민됩니다. 인생 너무 빡빡하게 살고 싶지 않은 마음도 있어요. 좀 편하게 살면 안 될까 싶기도 해요. 굳이 이렇게까지 해야 할까?

룰루랄라, 이 좋은 인생 웃으며 편히 하루하루 베짱이처럼 놀고 싶다는 생각에 상상 속 베짱이에게 물었습니다.

'그렇게 살면 설렐까?'

아니라고 하더군요. 매일 놀면 노는 것도 힘들다고 이야기하더군요. 반면 함께 성장해 나갈 리더님을 생각하면 설렙니다. 여성 가장들이 좀 더 안전하고 행복하게 살면 좋겠어요. 돈벌이에 내몰려 궁핍하고 쪼들리지 않았으면 해요. 서로 믿고 의지하고 지지해주는 관계에서 긍정의 힘으로 서로 도움이 되는 사람들이 되면 좋겠어요. 그런 네트워크를 상상하면 잠이 안 와요. 그래서 합니다. 설레는 일이기에 그냥 합니다.

여성 리더라면 반드시 알아야 할 성공비결 23

설레는 일을 상상하면 입에 쓴 게 다 약입니다.

24

팀원에게 리더의 평가표를 받아 보신 적 있으신가요?

아이가 중학교 면접을 준비하는데 제가 그랬어요.
"이거 누구 면접이지? 그럼 누가 해야 할까?"
정 없다고 생각되세요? 리더가 되면 이런 자세가 필요합니다. 모든 일을 리더가 도맡아 하는 건 팀원의 역량개발에 마이너스 입니다. 프로젝트에 실패해도 분명 남는 게 있습니다. 리더는 절대 해선 안 될 중요한 핵심만 챙깁니다. 팀원이 낭떠러지에 서 있는데 모른 척할 순 없으니까요. 때와 상황을 살펴 지혜롭게 팀원 스스로 해결할 수 있게 안내하는 게 리더의 역할이겠지요. 아이에게도 마찬가지의 법칙을 썼습니다.

임파워링 리더십을 아이에게도 똑같이 적용했어요. 저녁을 꼭 엄마가 차려야 하나요? 세상에 당연한 게 어디 있습니까? 아이에게 저녁을 차려달라 부탁합니다. 명령이 아니라 부탁이죠. 둘 다 기분 좋게 저녁을 먹습니다. 고기가 다 타도, 덜 익었어도, 맛있다고 합니다. 탄 부분은 가위로 자르는 법을 알려줬고, 덜 익은 고기는 다시 굽는 방법을 보여줬죠. 손해 보는 사람이 아무도 없네요. 다음에는 혼자 척척 고기를 구울 수 있을 테니 이보다 좋을 순 없죠.

저의 80%만 되어도 그 사람에게 일을 맡깁니다. 실수해도 아무 상관 없는 일이라면 50%라도 맡깁니다. 대신 그 과정 속에 믿고 기다려줍니다. 결과가 어떻든 책임은 리더가 질 테니, 하고 싶은 대로 하시라 합니다. 49대 51 같은 사소한 결정까지 리더가 잡고 있으면 리더의 성장도 거기서 멈춥니다.

잠자리에 누운 아들에게 다음 날 아침 메뉴를 미리 선택하게 합니다. 뭘 차려야 하나 고민할 시간과 에너지도, 불필요한 준비도 없어집니다. 책을 쓰거나 강의 준비로 새벽까지 일을 한 날은 아이 혼자 아침을 차려 먹고 등교합니다. 엄마의 사랑이 부족하다고 느낄까요? 그렇지 않더군요. 아들은 그 과정에서 배려를 배우고 독립심도 키워갑니다. 저는 묵묵히 같은 자리에서 인정과 칭찬, 격려, 응원, 감사의 표시를 적극적으로 합니다.

"아침밥 잘 챙겨 먹고 가 줘서 정말 고마워. 덕분에 엄마가 일하는 데 힘이나. 스스로 챙겨주는 모습이 정말 멋져. 세상을 다 가진 기분이야. 엄마 저녁 챙겨줘서 정말 고마워. 사랑해."

그렇게 오버칭찬 할 시간에 차라리 내가 하고 만다 이렇게 생각하시나요? 일도 마찬가지겠죠. 입 아프게 지시하고 알려주고 가르치느니 그 시간에 그냥 하고 맙니다. 하는 리더도 많아요. 그렇게 되면 평생 똑같은 일에 시간과 에너지만 쓰게 됩니다. 사람을 키우는 게 리더입니다. 하기 싫은 일 더 하는 게 리더입니다. 오늘의 효율성이 아니라 내일의 시스템을 만들어 나가는 게 리더입니다.

아이에게 종종 물어봅니다.
"아들 행복해?"

딴 엄마들처럼 희생, 봉사, 아들바라기를 하지 않는 것에 대한 중간점검이지요. 나는 지금 잘 하고 있는가에 대한 성적표이기도 합니다. 그럼 아들은 솔직하게 대답합니다.

"응, 행복해."

"어떻게 하면 더 행복해질 것 같아?"

"엄마가 나랑 좀 더 놀아주면 더 행복할 것 같아."

아이에게 피드백을 받습니다. 여기서 아들은 좀 더 맛있는 걸 사 달라거나 비싼 옷을 사달라거나 용돈을 올려달라는 이야기는 없습니다. 놀아달란 말은 저랑 더 웃고 싶다는 이야깁니다. 그래서 관심도 없는 영화를 같이 봅니다. 같이 있는 시간에 웃을 수 있는 포인트를 고민합니다. 아이의 깔깔거리는 소리에 마음이 놓입니다.

팀원에게 종종 말합니다.

"설레는 일 하는 거 맞아? 설레지 않으면 하지 않아도 괜찮아."

쉽고 편안한 일은 설레는 일이 아닙니다. 힘들고 짜증 나고 귀찮은 일이라도 스스로 성장하고 본인의 사명에 연결되는 일은 설렙니다. 비전에 관한 이야기는 지겹게 하고 있으니 서로 잘 알고 있지요.

아들도 팀원도 리더에게 바라는 건 마찬가지입니다. 자기 할 일을 리더가 대신하길 바라는 게 아니라, 리더와의 즐거운 소통시간을 원합니다. 스스럼없이 웃고 즐기는 시간을 원합니다. 팀원의 웃음소리에 리더의 마음이 놓입니다. 그 순간을 위해 리더는 또 공부합니다.

여성 리더라면 반드시 알아야 할 성공비결 24

리더의 성적표를 팀원에게 요청하고 수용하세요.
점수는 무조건 올라야 합니다.

3장

여성 리더로 리드하라

처음 쌀을 씻어 밥을 안쳤을 때를 기억하시나요?

쌀을 몇 번 헹궈야 하는지, 물량은 얼마나 해야 하는지, 뜸은 얼마나 들여야 하는지, 콩은 따로 씻어야 하는지, 별의별 게 다 신경 쓰였잖아요. 밥 한번 하는데 얼마나 고민을 했나 몰라요. 그런데 매일 하다 보니 지금은 순식간이잖아요.

리더요? 별반 다르지 않더라고요.

한 가지만 생각하시면 됩니다.

나는 리더다.

25

팀원과 리더의 견해차는 어디에서 시작될까요?

그 사람의 신발에 들어가 보라는 외국 속담이 있어요. 신발을 바꿔 신는다고 하면 '엽기적인 그녀'가 생각나지 않으세요? 그렇다면 저의 친구쯤 되시겠네요. 수능이 끝나고 제가 처음으로 한 일은 엄마 몰래 7센티 하이힐을 샀다는 겁니다. 저의 로망이었지요. 기쁜 마음으로 하이힐을 신고

10분을 걷고 나서 깨달았어요. '하…. 이건 아무나 신을 수 있는 것이 아니었구나. 하이힐을 멋지게 신고 다니는 언니들의 노고를 무시할 게 아니었구나' 싶더군요. 하이힐을 사서 신어보지 않았다면 절대 느끼지 못할 심정이었겠지요.

　리더는 생각합니다. '어디 나 같은 사람 없나? 나처럼 조직을 생각하고 일 할 사람이 없나?' 네, 열심히 찾아보세요. 어디에도 없을 겁니다. 왜 그런 사람이 없을까요? 그 사람은 내가 아니니까요. 사람들은 모두 자신의 세계가 있어요. 그게 신발이라고 생각해 봅시다. 또래이고 아무리 친한 친구라 하더라도 발의 치수, 모양, 원하는 스타일은 각기 다르잖아요. 그런데 어떻게 제 신발이 친구에게 딱 맞아 떨어지겠어요.

　대신 이런 방법은 있어요. 나 같은 사람은 못 찾겠지만 리더의 처지를 이해시키고 그 마음을 공유할 순 있어요. 저는 제 일상을 팀원들에게 자주 공유합니다. 하루의 일과, 일주일의 일정을 알리죠. 물론 모든 일정을 사사건건 알리진 않지만 자주 공유할수록 팀원들은 저를 이해해 주고 배려해 주시더군요. 바빠서 이런 것까지 챙길 수 없겠구나 이해해 주시더군요. 그럴 때일수록 팀원에게 위임(임파워먼트)을 합니다. 팀의 리더로 세우는 거죠.

"알아서 결정해 줘요." 그 한마디 말로 얼마나 어깨가 무거워지는지 직접 경험하게 합니다. 그렇게 리더와 팀원은 한 발짝 더 가까워지더군요.

> **여성 리더라면 반드시 알아야 할 성공비결 25**
>
> 리더를 불쌍하게 여기는 팀원이 있다면 그 리더십은 성공입니다.

26

기대만큼 일 못 하는 팀원의 문제는 뭘까요?

리더가 모든 결정을 내려야 할까요?
아닙니다. 물론 이렇게 생각하시겠죠.

'아니 이게 무슨 소리야. 내가 리더인데 당연히 내 생각대로 해야 하는 게 아니야?'

네, 맞습니다. 그렇게 하셔도 되지만, 앞서 말씀드린 것처럼 조직의 목적이 조직원들의 행복을 위한 것이라면 결정권은 모두의 것입니다. 혼자 결정하시 마세요.

아주 작은 결정부터 팀원들과 상의하시고 결정권을 넘겨보세요. 리더의 권력이 줄어들까봐 걱정되세요? 나 없으면 일이 안 돌아가는 조직은 결과론적으로 좋은 조직이 아닙니다. 오토 시스템을 원하면서도, 모든 결정에 일일이 참견하시면 팀원들의 성장을 기대할 수 없습니다. 시간이 지나도 왜 발전이 없냐고 호통치는 상황이 벌어지죠.

작은 위임을 시작으로 신뢰를 쌓고, 리더의 가치를 익힌 팀원들이 늘어야 더 큰 비즈니스로 이동할 수 있습니다. 이것이 바로 시스템이죠.

팀원 모두가 리더가 될 때, 자신의 역량을 넘어 일합니다. 팀원을 키워나갈 생각으로 위임하세요. 리더의 자리가 줄어드는 게 아니라 더 큰 결정을 위해 시간과 에너지를 아끼는 거라고 생각하세요.

여성 리더라면 반드시 알아야 할 성공비결 26

문제 있는 팀원은 없다. 역량 없는 리더가 있을 뿐이다.

27

호불호 없는 리더는 어떤 사람일까?

된장찌개에 꿀 한 숟가락이면 집 된장의 텁텁한 맛이 사라집니다. 약간의 단맛이 요리의 풍미를 확 끌어 올리듯, 리더십에도 달콤함이 필요합니다.

현대인들에겐 다정한 리더가 필요해요. 피비린내 진동하는 카리스마 넘치는 리더를 따르는 세상이 아닙니다. 그렇다고

마카롱 같은 리더가 되란 말은 아닙니다. 항상 달달한 사람은 연인사이에서도 별 매력 없죠. 요리에서 불 조절이 필수이듯, 인간관계에서도 강약조절은 중요합니다.

　오래 알고 지낸 68세 리더 언니를 만났습니다. '대표님'이란 호칭에서 어느 날부터 '언니'가 되었죠. 이런저런 이야기를 하다 저에게 이런 질문을 던지시더군요.
　"지금 나한테 필요한 게 뭘까?"
　"언니… 설탕을 좀 넣어보시면… 어때요?"
　언니는 제 말을 듣곤 무릎을 '탁' 치면서 바로 노트를 꺼내 설탕이라고 쓰시더군요. 다음날, 한 장의 사진을 보내주셨습니다. 'Sugar'라고 쓴 포스트잇이 현관문 앞에 떡하니 붙어 있었어요. 집을 나설 때마다 사람들에게 설탕 한 숟가락을 뿌리고 오겠노라 다짐하게 되셨다 하셨어요. 고마웠습니다. 늘 제가 조언을 구하는 처지였는데, 제 이야기를 받아주시고 노력하시는 모습을 보니 '아! 이래서 내가 이 언니를 존경하는구나!' 싶더군요. 충성심과 존경심은 그날 이후 배가 되었지요.

　물론 음식에 설탕만 들어가면 먹을 수 없습니다. 소금도 무조건 필요하죠. 리더는 설탕과 소금의 균형감을 가져야 합니다. 할 말이 아무리 있다 해도, 설령 다 옳은 말이라 해도, 상대방은 로봇이 아닙니다. 감정을 가진 팀원들에게 소금만 치지 말자고요. 너무 절인 배추는 버려야 하니까요. 친절한 리더가 되면 좋겠습니다. 물론 정확한 타이밍에 결정하고 수정을 요구하는 것도 친절함입니다. 결정을 늦추는 건 불친절입니다. 소금과 설탕을 잊지 않는 친절함은 꼭 가지셨으면 좋겠습니다.

> **여성 리더라면 반드시 알아야 할 성공비결 27**
>
> 균형 잡힌 설탕과 소금이 리더의 레시피를 완성합니다.

28

일의 효율성을 높이는 대화법을 아시나요?

하브루타는 짝과 함께 질문하고 토론하고 논쟁하는 유대인의 공부법인데요. 아들을 똑똑한 아이로 키우고 싶어 의기양양하게 시작했지만, 첫 수업부터 말문이 턱 막히더군요. 짧은 글을 읽고 질문을 만들어 보라 하셨는데 도대체 뭘 써야 할지 앞이 캄캄했습니다. 질문이 이렇게 어려운 거구나 싶었죠.

대학 시절, 강의가 마무리될 때쯤, 교수님은 늘 학생들에게 이렇게 말씀하셨죠.

"질문 있는 사람?"

여기서 누구 하나 손 들면 어떤 일이 벌어지는지 아시죠? 그 학생은 자동 왕따가 됩니다. 눈총 맞아 죽죠. 하지만 미국과 호주 교실문화는 한국과는 딴판이었어요. 끊임없이 질문이 이어져 당황했죠. 게다가 학생들이 교수에게 따집니다. 네 말이 잘못된 것 같다고 논쟁이 이어집니다. 교수님 말에 토를 달아? 제정신이 아니군! 그랬던 제가 그 문화에 익숙해지니 '아 이렇게 배움이 깊어질 수 있구나' 싶더군요. 질문을 주고받으며 뇌 용량이 폭발적으로 성장하는 것이 느껴졌습니다.

리더로써 가장 중요한 덕목이 뭐라고 생각하세요?
리더는 질문을 잘 하셔야 합니다. 질문만으로 일의 효율성은 올라갑니다. 하브루타를 공부하고 난 뒤 코칭 공부도 했어요. 이미 질문이 익숙해진 상황이라 코칭은 한결 편하더군요. 핵심은 질문입니다. 하지만 꼭 올바른 질문법에 관해 공부하시길 추천해 드립니다. 이제까지 우리가 받은 물음표로 끝나는 문장들은 질문이 아니라 '심문'이었거든요.

리더의 질문법

- 이 일의 목적이 뭘까요?
- 여기서 가장 중요한 부분이 뭐라고 생각해요?
- 결과나 과정에서 스스로 생각하기에 아쉬운 부분이 있을까요?
- 제가 도와야 할 일은 무엇일까요?
- 일은 몇 프로 정도 진행되었을까요?
- 언제까지 마무리할 수 있을 것 같아요?

여성 리더라면 반드시 알아야 할 성공비결 28

일의 완성도를 높이는 건 열 마디 잔소리가 아닌
한 마디 '질문'입니다.

29

어떤 일을 잘 하세요? 어렵고 불편하신 일은 무엇일까요?

어쩌다 작가가 되었고 또 어쩌다 출판사를 열었습니다. 작가와 출판사는 연관성이 있을까요? 비슷하겠지 생각하고 시작했지만 아니었습니다. 출판사 에디터님께 "책 한 권 쓰세요. 그냥 하시면 되잖아요." 했던 망언이 떠올라서 재빨리 이불 킥을 날렸습니다.

다 잘 하고 싶은 마음은 욕심이었습니다.

제가 제일 무서운 곳이 국세청, 세무서입니다. 공인인증서 로그인을 하고 필요서류를 떼고 세금을 신고하고 내는 것이 어찌나 어려운지요. 물론 수익이 올라가면서 전문 인력으로 아웃소싱을 하게 되어 천만다행이지만, 그래도 제가 해야 할 일은 여전히 존재하더군요.

정말 컴퓨터 앞에서 스트레스를 너무 많이 받아 참 많이도 울었어요. 어떻게 해야 될지 알 수 없어서, 이런 내가 너무 답답해서, 멍청이가 된 기분에 엉엉 울었죠. 그게 뭐라고 울 일일까? 하실 수도 있을 겁니다. 게다가 돈 관련해서 영수증을 첨부하고 서류를 챙기는 게 너무 어렵습니다. 저 때문에 1인 창조기업 회계 담당 매니저님 열 폭발 100번은 하셨을 거예요. 정말 죄송해서 쥐구멍에라도 숨고 싶은 마음입니다. 왜 이렇게 숫자 담긴 서류만 보면 바보 천치가 될까요. 세상에서 제일 작아지는 순간이 이런 순간입니다.

핵심은 이거죠. 누군가에는 누워서 떡 먹기 같은 일이 누군가에게는 고통스러울 만큼 어려운 일입니다.

물론 어렵고 불편한 일이라고 무조건 피하는 건 리더가 아니죠. 적어도 어떻게 해야 하는지는 알아야 합니다. 작은 조직일수록 당연히 피할 수 없겠죠. 대신 저는 이렇게 생각하기로 했습니다.

'와…. 이거 정말 하기 싫어. 회사를 더 키워야겠어.'

이기적인 생각일까요? 아닙니다. 그 일을 저보다 훨씬 잘하고 즐거워하는 사람을 채용하면 되니까요. 구더기 무서워 장 못 담그는 리더도 분명 있겠죠. 저도 처음엔 그랬으니까요.

제가 일을 하는 이유는 우습게도 집안일이 싫어서입니다. 일하지 않으면 집안일을 해야 할 테니까요. 집안일은 아웃소싱합니다. 적당히 무시하고 넘어가도 큰 문제 없으니까요.

일도 마찬가지입니다. 제가 하고 싶지 않을 일은 아웃소싱해 보려 합니다. 그러려면 사이즈를 키워야겠지요. 처음부터 이런 생각을 할 순 없었어요. 회계사무실에 회계장부를 맡기고 보니 생긴 생각이지요. 그렇게 발전되어질 겁니다.

잘하는 일에 더 큰 에너지를 쓸 기회를 찾으세요. 못 하는 일도 알아야겠지만, 아웃소싱하실 기회를 찾으세요. 할 수 없는 게 아니라 그렇게 해도 된다는 걸 몰라서 고민하고 계신 건지도 몰라요.

여성 리더라면 반드시 알아야 할 성공비결 29

다 잘 해야 한다는 욕심 때문에 도리어 원래 잘하는 것을
놓칠 수도 있어요.

30

리더님은 어떻게 쉬세요?

목적과 방향을 정하면 앞뒤 없이 밀어붙이는 불도저 스타일로 몇 년을 살다 보니 결국 병이 나더군요. 인생이 무미건조하고 반쯤 화가 나 있는 상태로 살며 고객에게만 친절한 사람이었죠. 그렇게 첫 사업을 그만둡니다. 돈을 아무리 많이 준다 해도 더는 못하겠더군요. 몸과 마음이

너덜너덜해진 거죠. 그렇게 잠시 잠수를 탔습니다.

'내가 왜 이럴까? 이제 뭐 해 먹고 살아야 할까?'

결국 올 게 온 셈이죠. 번아웃 증후군이었습니다. 이러다간 큰일 나겠다 싶었습니다. 그래서 자극이 되는 모든 것을 끊었습니다. 배움에 있어 열정러였던 저는 모든 배움을 중지했습니다. stop(멈춤)이 아니라 pause(일시 정지)였지요.

멀티를 내려놓고 한 번에 한 가지만 했어요. 차를 타면 뉴스 라디오도 음악도 끊고 운전만 했어요. 샤워하고 머리를 말리고 외출 준비를 하는 짬 시간에도 이어폰을 꽂고 책을 듣거나 강의를 들으며 끊임없이 뭔가 생산적인 활동을 해야 한다는 강박증이 심한 사람이었지만 모든 자극과 배움을 끊어냈어요. 잔잔함에 익숙해지는 건 생각보다 어려웠어요. 도태된다는 두려움이 생각보다 거대했거든요. 그러기를 몇 달, 쉬어가야지 보이는 것이 분명 있더군요. 강제종료를 시키니 그제야 눈이 제대로 떠지더군요. 너무 달리기만 하면 소중한 걸 잃을 수 있어요.

리더에게 쉼이 필요하다면 팀원에게는 더 많은 쉼이 필요합니다. 팀원은 리더가 아니잖아요. 더 많은 이해와 배려가 필요합니다. 이 관계를 길게 유지하고 싶으시다면 자신에게도 팀원들에게도 쉼을 선물하세요. 태풍처럼 몰아쳐야 할 타이밍은 분명 있지만, 늘 태풍이 휘몰아치는 조직은 한마디로 지옥입니다.

여성 리더라면 반드시 알아야 할 성공비결 30

쉼 없이 쫓아다니면 결국, 병원 좋은 일만 하게 됩니다.

31

조직에 필요한 팀원은 누구일까요?

리더는 인재를 알아보는 눈이 좋아야 합니다. 인재는 누구일까요? 조직에 따라 인재의 정의는 달라집니다. 먼저 리더 스스로 무엇이 부족한지를 객관적으로 평가하셔야 합니다. 나의 부족함을 채워줄 수 있는 사람이 곧 인재니까요.

저는 창의적이고 아이디어가 넘치는 사람이지만 숫자에 둔하고 서류작업을 못 합니다. 팀원들은 그런 저를 페이퍼포비아(서류 두려움증)라고 부르죠. 저의 조직에 필요한 인재가 어떤 사람일지 말씀 안 드려도 아시겠죠? 큰 조직이라면 상관없지만 작은 조직이라면 캐릭터가 겹치지 않는 것도 중요합니다. 예능 피디도 영화감독도 비슷한 캐릭터를 섭외하지 않는답니다. 나와 비슷한 성향이 있는 사람 대신 나와 잘 맞지 않을 것 같은 사람, 생각을 펼치는 스타일, 성향이 다른 사람이 오히려 조직에 더 필요한 인재입니다.

세상에는 하고 싶은 일 보다 하기 싫은 일이 더 많습니다. 리더라고 해서 하고 싶은 일만 할 순 없죠. 조직의 행복을 위해 상대방의 비위를 맞춰야 하는 경우도 허다하고 이유 없이 욕을 먹어야 하는 상황도 발생합니다만 어쩌겠어요. 왕관의 무게를 감당하려면 그 정도는 허허 웃으면서 넘기시는 여유가 필요합니다.

불평불만만 하는 팀원이 불편하시겠지요. 사사건건 옳은 말만 하는 밉상은 눈엣가시처럼 보이죠. 좀 더 여유 있게 기다려 주시면서 리더가 본보기를 보여주세요. 불평불만은 몸 밖으로 빨리 빼 버리고, 잘한다. 최고다 격려하고, 옳은 말이라고 함부로 타인의 가슴에 칼질하지 않는 리더 곁에 그런 팀원이 존재합니다. 유유상종이지요. 인재만이 인재를 만들어 낼 수 있습니다. 인재가 인재를 찾을 수 있습니다.

여성 리더라면 반드시 알아야 할 성공비결 31

리더 스스로 부족함을 인정할 때 인재는 발굴됩니다.

32

왜 내 뜻대로 되는 일이 없을까?

우리는 성공보다 더 많은 실패를 맛보며 삽니다. 늘 성공만 하셨다고요? 그렇다면 큰일이네요. 영화 〈포레스트 검프〉에서 그러잖아요. 행복은 초콜릿 상자와 같다고요. 행복도 불행도 성공도 실패도 다 총량의 법칙이 있다고 생각해요. 또라이 질량보존의 법칙 다들 아시죠?

프로젝트에 실패했다고 칩시다. 어떻게 해야 할까요? 최선을 다했지만, 우리 팀의 능력이 이 정도일 뿐이니 체념하고 넘어가야 할까요? 또 다른 기회를 위해 노력하면 될까요? 다 맞는 말이지만 리더라면 체념과 노력 사이에 또 다른 일을 하셔야 합니다. 팀원보다 빨리 털어내는 용기와 정확한 방향성을 가지셔야 겠지요. 스스로 무능력하다. 생각될 때 더 많은 우울감이 몰려오잖아요. 그래서 리더는 끝없이 공부하셔야 합니다. 공부에 투자할 시간이 없다고 생각하신다면 좀 더 많은 쉼과 위임이 필요하다는 뜻입니다.

리더는 팀원이 쉴 때 같이 쉬는 사람이 아닙니다. 팀원이 쉴 때 2배속으로 쉬고 다음을 준비하셔야 하니까요. 남들 놀 때 놀고, 남들 일할 때 일한다면 당신은 리더가 아닙니다. 자신의 성장을 위해 끊임없이 움직이는 리더가 참 리더입니다. 팀원들이 하는 것보다 뭔가를 더 하셔야 해요. 팀원이 자기계발 책을 읽는다면 그 책을 넘어서 조직의 성장과 문화, 리더십에 관한 책을 읽어야 합니다. 팀원이 유튜브 영상을 보며 즐거워할 때, 그것도 하시고 유튜브로 커뮤니케이션 영상도 보셔야 하죠. 팀원이 강의나 교육을 들으실 때, 그것도 하시고 경영 교육도 참가 하셔야 합니다.

리더는 밖으로 나가 인맥 관리도 하셔야 합니다. 인맥 쌓기에 집중하시고 계시다면 더더욱 사람 공부를 하셔야 해요. 10번 100번을 만나 든든한 인맥을 쌓았다 해도 리더의 말 한마디, 행동 하나로 신뢰가 와장창 깨질 수 있으니까요. 그러니 인격 공부, 말 공부, 행동 공부, 사람공부에 에너지를 써 주세요.

리더의 공부를 꼭 팀원에게 보여주세요. 책상 위에 책을 올려놓는 것도 방법이죠. 공부방을 할 때 늘 제 책상 위에는 교실, 강의, 수업, 학생에 관련된 책이 놓여 있었어요. 그러면 아이들이 제게 와서 꼭 물어요.

"선생님도 공부해요?"
"당연하지.
선생님도 너희들 더 잘 가르치려고 끊임없이 공부해.
힝. 그래서 힘들어."
"우와. 우리만 공부하는 게 아니었군요.
근데... 원래 공부는 그런 거예요. 어쩌겠어요. 힘내요."

초등 3학년이 오히려 저에게 위로를 던집니다. 그리고는 자기 공부 힘들다는 불평을 안 해요. 동병상련의 마음이 생긴 거죠. 물론 한 달 동안 같은 책이 놓여 있으면 안 됩니다. 애들은 다 보고 있어요. 팀원들도 리더님 다 보고 있어요.

여성 리더라면 반드시 알아야 할 성공비결 32

리더의 노력을 직접 보여주실 때 팀원들의 신뢰는 깊어집니다.

33

결정 스트레스를 해결하는 방법이 있으신가요?

올바른 결정이 아니라 빠른 결정이 중요한 시대입니다. 그래서 리더는 레이더를 풀로 가동하고 눈은 내 발끝보다 두 발 앞서 있어야 하죠. 리더를 힘들게 하는 건 선택입니다. 그래서인지 언니 리더님들은 사소한 결정-무엇을 선택하든 위험성이 없는 일-은 저에게 위임하시더군요. 저도 점점 언니들처럼 변해갔습니다. 식사메뉴나 커피숍 같은 사소한 결정은 하기 싫어지더군요. 인터넷 쇼핑도 마찬가지였습니다. 그럴 때면 아들을 부릅니다.

"아들, 엄마 옷 좀 골라줘 봐. 어떤 게 더 나은 거 같아?"

이 선택에 나름 익숙해진 아들은 저에게 도리어 질문합니다.

"어디 갈 때 입을 옷인데?

강의 갈 거야? 아니면 사람들 만날 거야?"

"강의용인데…. 이 색깔 어때?"

"강의 대상이 학생이야? 어른이야?"

아들이 똑똑해졌습니다. 저에게 역질문하니까요. 덕분에 시간과 에너지가 많이 줄었습니다. 반품의 번거로움도 사라졌죠. 역시 백지장도 맞들면 낫습니다. 결정은 리더의 업무에 가장 중요한 일입니다. 중요한 결정이라면 당연히 리더가 해야겠지만 그렇지 않다면 팀원에게 물어도 괜찮지 않을까요? 해당 프로젝트에서는 당연히 그 팀원이 제일 많은 시간과 에너지를 쏟았을 겁니다. 리더가 모르는 것도 담당자는 알고 있을 테니까요.

일단 물어봅니다. 어떻게 하면 좋으냐고 묻는 것보다 좀 더 구체적인 질문이 필요합니다.

- 팀원님이 리더라면 어떤 결정을 할 것 같아요?
- 그 결정의 장단점이 뭐가 있을까요?
- 우리가 놓치고 있는 게 뭘까요?

리더가 미처 생각하지 못한 시각은 질문을 통해서만 가질 수 있어요. 리더 혼자 끙끙 앓는다고 달라지는 건 하나 없어요. 팀원들은 절대 리더 마음을 모릅니다.

이런 질문을 한다고 능력이 없는 리더라고 여길까 봐 걱정인가요? 이런 대화를 통해 팀원의 역량을 드러내 보일 수 있어 오히려 좋아하지 않을까요?

이런 대화가 늘어나면 팀원은 편안하게 리더에게 역질문합니다.

"이 프로젝트에서 리더님은 뭘 제일 중요하게 생각하세요? 1번이 뭔가요?"

이런 질문 받아 보셨어요? 저는 늘 받는답니다.

버릇없는 대화가 아니라 생산성을 가장 높이는 긍정의 대화죠. 저의 부족함의 발견이기도 하지만 동시에 팀원의 성장점이기도 합니다. 팀원을 높인다고 리더가 낮아지는 것이 절대 아닙니다.

여성 리더라면 반드시 알아야 할 성공비결 33

팀원의 역질문에 감사합시다.

34

배신 없는 조직에 꼭 필요한 것은 무엇일까요?

리더의 말조심은 불조심보다 더 중요합니다.

불은 소방관이 끌 수 있지만, 리더의 말실수로 생긴 마음 불은 쉽게 꺼지지 않기 때문입니다. 연말에 매출 10억이 되면 성과급을 어떻게 주겠다고 했다 칩시다. 리더입장에서는 매출 10억이라고 했지만, 목표 지점에 달성을 못 했습니다.

그렇다면 성과급을 주어야 할까요? 당연히 아니라고 하시겠지요. 하지만 팀원들의 입장은 다를 수 있습니다. 이것이 바로 견해차라는 거죠.

　문제의 시발점은 리더의 말 때문입니다. 일이 잘 되고 성과가 나면 뭐 하나라도 더 챙겨주고 싶은 게 리더 마음입니다만, 일이란 게 어디 내 뜻대로 되던가요? 팀원은 죽었다 깨도 모르는 것이 있지요. 직원들 월급날이 되면 도망가고 싶은 마음을 팀원들이 알까요? 게다가 눈에 보이는 월급이 전부가 아니잖아요. 나가야 할 비용은 눈덩이처럼 늘어만 가죠. 이번 달이 적자라서 월급을 못 준다고 하면 네 알겠습니다. 할 사람이 어딨을까요. 리더는 이 모든 상황에 대한 대처와 준비를 해야 합니다. 말해도 모르고 이해하길 바라는 것도 다, 리더 욕심이겠죠.

　선배 리더님께 이 부분에 대해 많은 질문을 했습니다. 그러니 하나같이 '너무 애쓰지 마세요. 너무 잘 하려 하지 마세요. 그래 봤자 다 한순간입니다. 사람 마음 돌아서는 거 한순간이더라고요.' 하시더라고요.
　기대했는데 이루어지지 않았다면 쉽게 분노하고 화가 날 수 있습니다. 그러니 리더님들 팀원들 앞에서는 특별히 더 말조심하셔야 합니다. 사기를 높이고 싶어서, 그땐 정말 마음이 그래서 하신 '말'이라는 건 압니다만 서로의 견해차는 말로 더 멀어질 수 있답니다.

여성 리더라면 반드시 알아야 할 성공비결 34

나중에란 말 대신 나중에 행동하세요.

35

대학 총장이 제일 잘 해야 하는 일은?

한 대표님과 티타임 중에 뜬금없는 질문을 받았습니다.

"신 대표, 대학 총장이 되려면 뭘 제일 잘 해야 하는 줄 아는가?"

"음…. 뭘까요? 똑똑한 건 기본일 테고, 잘 모르겠는데요."

"영업이야. 다른 교수 논문 쓸 때, 총장은 책상에 앉아

연구하면 안 돼. 여기저기 다니면서 학교 자금 조성하는 영업을 잘 해야 총장 할 수 있어."

무릎이 '탁' 쳐지더군요. 그렇습니다. 대표라는 자리는 책상에 앉아 있는 직업이 아니잖아요. 대표는 영업을 잘 해야 대표입니다. 여기저기서 일을 구해오는 것 그것이 조직의 지속성이죠.

탁월한 리더는 팀원이 할 수 없는 일을 해야 합니다. 팀원보다 똑똑하기를 바라지 마세요. 리더보다 더 똑똑한 인재를 채용하세요. 나보다 잘난 팀원을 시기 질투하지 마세요. 리더 없이도 사무실을 잘 굴러가게 하는 방법은 어디서든 매 순간 최선을 다해 일하는 리더가 존재하기 때문입니다. 리더가 없으면 팀원들이 일을 안 할까 전전긍긍하시며 '내가 너를 지켜보고 있다'의 태도는 일의 효율을 떨어트립니다. 팀원들의 눈은 2개가 아니라 4개 예요. 뒤통수에도 눈이 붙어 있거든요. 안 보는 것 같아도 팀원들은 늘 리더를 지켜보고 있답니다.

팀원이 모를 것 같으시죠? 본능적인 센서로 다 알더라고요. 눈치가 너무 없다 싶으시면 알려주셔도 됩니다.

"왜 대표님은 맨날 사무실 안 지키시고 밖으로만 도세요?"

하는 팀원이 있다면 그 팀원에게 더 많은 애정이 필요하다는 뜻입니다. '사랑받고 싶어요. 인정받고 싶어요' 인 거죠. 그럴 땐 더 큰 소리로 격려와 지지를 해 주시면 됩니다.

'일을 잘 해야 칭찬하지'라고 생각하실 수도 있겠네요. '선 칭찬 후 성과의 법칙'도 잊지 않으셨으면 해요. 잘한 것도 없는데 칭찬받아 기분 나빠하는 팀원이 있지만, 기대만큼 더 열심히 해야겠다 다짐하는 팀원들도 있다는 사실, 사람은 각각의 색깔이 다 다르답니다.

여성 리더라면 반드시 알아야 할 성공비결 35

탁월한 리더는 팀원이 할 수 없는 일에 집중합니다.

36

개인의 목표와 조직의 목표가 일치하나요?

조직에서 고성과를 내기 위해서는 조직의 목표와 개인의 목표를 일치시켜야 합니다. 리더는 조직의 목표가 달성되길 원하지만, 팀원은 개인의 목표가 더 중요한 게 일반적이죠. 그래서 질문이 필요합니다.

- 당신의 목표는 뭔가요?
- 당신이 가장 중요하게 생각하는 건 뭘까요?
- 당신의 3년 5년 뒤를 상상해 보면 무엇이 보이나요?

팀원 개개인의 가치관과 목표를 분명히 알고, 조직의 목표와 합의점을 맞춰야 합니다. 목표가 없는 팀원도 분명 존재합니다. 이럴 때도 질문을 통해 개인의 목표를 갖게 하는 것이 리더의 역할이겠죠. 몰아붙이거나 내 생각을 장황하게 이야기하는 것도 요즘 시대엔 폭력이 될 수 있습니다. 지위를 이용한 불쾌함이 될 수 있으니 아직 목표가 없거나 잘 모르겠다고 이야기하는 팀원이 있다면 시간을 정해서 생각해 보고 다음에 다시 이야기하자고 하시면 됩니다. 물론 면접에서 이 질문들을 잘 사용해 채용에 도움이 될 수도 있겠지요.

개인의 부족한 역량은 리더십과 근무환경으로 채워질 수 있지만, 삶의 목표와 방향성이 없는 뛰어난 인재는 그 능력을 충분히 발휘하지 못합니다. 화려한 이력서보다 개인의 사명을 더 먼저 체크해 보셔야 합니다.

여성 리더라면 반드시 알아야 할 성공비결 36

리더와 팀원의 목표가 다르면 한 배를 타도
앞으로 나아갈 수 없습니다.

37

마지막으로 몰입한 일이 무엇인가요?

이런 질문을 자주 듣습니다.

"대표님은 9개 직업을 가지고 계시는데…. 일과가 궁금합니다."

거창하게 이야기 하고 싶은 마음이 들었지만 사실대로 말씀 드렸어요.

"음…. 별거 없고요. 자고 싶을 때 자고, 먹고 싶을 때 먹어요."

사실 제 개인적 로망은 낮잠을 잘 수 있는 사람이었습니다. 엄밀히 말하면 자고 싶을 때 언제든 잘 수 있는, 내 시간을 내가 통제하는 삶이었죠. 남들 다 일하는 오후 2시에 낮잠 잘 수 있다는 뜻은 반대로 말하면, 남들 다 자는 시간에 일한다는 뜻이기도 합니다. 그런데 사람들은 이 뜻은 모르시더군요. 지금 시각은 오전 6:42분인데요. 저는 이 원고를 퇴고 중이고 밤을 꼬박 새웠어요. (하하하)

규칙적인 일과를 가지는 것은 참 좋은 습관입니다만 아직 저는 멀었나 봐요. 불규칙적 일상을 저만의 언어로 풀어보자면 '절대적인 몰입'입니다. 한 번 일에 집중하면 폭풍처럼 몰아붙여 목표를 이루어 냅니다. 그럴 땐 밥도 먹지 않고 세수도 하지 않고 핸드폰은 방해금지로 해 두고 일만 합니다. 쉬어야겠다 생각될 때 샤워를 하고 잠시 낮잠을 잡니다. 이번에 퇴고하면서 시간을 계산해 보니 평균 7시간씩을 스트레이트로 앉아 있더라고요. 중간에 쉬는 시간 없이 말이죠. 어젯밤 10시 40분에 퇴고를 시작해서 지금까지 있으니 7시간쯤 한 번도 안 쉬고 앉아 있었네요. 물론 매일

이러는 건 아니지만 해야 할 일 앞에서는 이럽니다. 일주일 넘게 이러고 있는 것 같아요. 그런데 말이죠. 고통스럽지만 행복합니다. 음... 저는 변태일까요? 몰입의 순간은 하... 진짜 좋은데... 말로는 설명이 안 되네요. 하...

대한민국 모든 어머니는 천재였습니다.
"놀 땐 놀고, 공부할 땐 공부해."
어렸을 땐 이 말이 '놀지 말고 공부나 해!'로 들렸지만 리더가 되니 이게 바로 몰입이며 성공의 법칙이란 걸 알았습니다.

여성 리더라면 반드시 알아야 할 성공비결 37

몰입의 순간이 길어질수록 리더의 생명이 길어집니다.

38

좋은 리더와 위대한 리더의
차이점은 무엇일까요?

저처럼 살고 싶다는 팀원들이 있습니다. 기분이 좋아집니다. 어깨가 올라가는 소리가 들립니다. 하지만 동시에 올라간 어깨가 천근만근 무거워집니다. 나는 좋은 리더인가? 위대한 리더인가? 그 둘의 차이는 자신을 따르는 사람에게 무엇을 제공하는가에 달려 있다고 합니다.

존 맥스웰은 '리더십의 5단계'를 이렇게 설명합니다.

첫 번째는 지위리더십으로 당신의 특정한 지위 때문에 의무감에 리더를 따릅니다. 사람들은 이 단계를 가장 높은 단계라고 생각하지만 제일 낮은 단계입니다. 이 단계에서 리더가 발전이 없으면 조직원들의 이직률이 높고 사기는 바닥에 떨어집니다.

두 번째는 허용리더십으로 지위가 아니라 자신들이 리더를 따르는 것을 원하기 때문에 생깁니다. 관계가 중요하죠. 하지만 이 단계에 오래 머무르면 진보를 원하는 사람들을 불안감을 느끼게 됩니다.

세 번째는 성과리더십으로 사람들은 조직을 위해 이루어 놓은 일로 인해 리더를 따릅니다. 결과가 가장 중요하지요.

네 번째는 인재양성 리더십으로 복제와 개발의 리더십입니다. 리더를 따르는 이유는 리더가 그들을 위해 무언가를 했기 때문입니다. 누군가를 더 나아지게 도와주었다면 충성심이 생기죠. 리더가 또 다른 리더를 만드는 단계입니다. 장기적이고 지속적인 성장이 가능한 단계죠. 리더라면 이 4단계의 리더십에 오르고 유지하기 위해 모든 일을 해야 한다고 합니다.

마지막 다섯 번째는 인격의 리더십입니다. 사람들은 리더의 인품 때문에 따르게 되죠. 다른 사람의 존경을 받는 최고의 리더십의 단계입니다. 1~4단계를 제대로 밟아야만 가능한 리더십이기도 합니다.

저는 팀원들을 모두 리더로 만들고 싶습니다. 제가 드리고 싶은 게 뭘까 생각해 봤습니다.

첫째, 자기 생각을 가감 없이 이야기할 줄 아는 용기를 주고 싶습니다. 물론 기질의 문제라고 할 수 있지만, 성공의 경험을 많이 해 봐야 이런 용기가 생긴다는 것도 알고 있습니다. 그래서 저는 팀원들에게 솔직한 자기 생각을 공유하면서 얻게 되는 소속감과 성취감 자신감을 가지게 하려고 노력합니다.

둘째, 제 경험과 비결에 대해 아낌없이 지원합니다. 사실 이 책을 쓰는 이유도 마찬가지입니다. 소리는 금방 사라집니다. 뜨거워진 마음도 한순간 차가워질 수 있어요. 그때마다 이 책을 한 번 두 번 읽어 보면 좋겠다는 마음으로 한 줄 한 줄 씁니다.

마지막으로, 성장기회를 제공합니다. 팀원의 성장에 가장 도움이 되는 것이 무엇인지 먼저 가 본 사람으로 시간의 여유에 따라 코칭과 컨설팅을 병행합니다. 설명과 설득이 많이 필요한 팀원이 있을 때도 있지만 보여주는 삶으로 성장을 독려합니다. 작은 프로젝트에 리더로 세우고 스스로 경험하고 성장할 기회를 제공합니다.

물론 이것들이 제가 가진 솔루션입니다. 더 보충해야 하죠. 그래서 오늘도 팀원들에게 무엇을 더 줄 수 있을지를 고민합니다. 제 지각이 넓어질수록 제 인간관계가 풍성해질수록 줄 수 있는 것들이 더 많아진다는 것을 알기에 배움의 순간을 이어가 봅니다.

> 여성 리더라면 반드시 알아야 할 성공비결 38
>
> 위대한 리더는 팀원을 리더로 만드는 사람입니다.

39

리더님의 핵심 인재는 누구이며 어떻게 하시나요?

팀원을 공평하게 다루고 모두를 성장시켜야 한다는 책임감과 압박감에 시달린 적이 있습니다. 편애하면 안 된다고 생각했죠. 하지만 공부를 하면 할수록 모두에게 같은 성장을 요구하는 것이 오히려 공평하지 않다 느꼈습니다.

모두의 역량과 속도가 다른데 어떻게 같은 성장을 바랄 수 있을까요? 이 사실을 깨닫고는 핵심 인재양성에 좀 더 신경 쓰기 시작했습니다.

핵심 인재가 정해지고 나서는 부쩍 그들과 친해졌습니다. 집안에 밥숟가락 개수는 당연하고 그녀들의 과거와 미래를 공유하기 시작했죠. 저의 우유부단하고 약한 모습까지 보여주었죠. 물론 의도한 건 아니었지만 함께 하는 시간이 많아질수록 더 솔직한 제 모습을 보여줄 수밖에 없었습니다. 걱정됐습니다. 팀원들이 나를 우습게 생각하진 않을까 하는 노파심도 생겼죠. 그런데 의외였습니다. 팀원들은 오히려 "리더님도 인간이었네요. 와 진짜 인간적이다"라며 안심시켜 주더군요. 굳이 이 상황을 좋게 포장한다면 진정성이 빛났던 순간이 아니었을까 합니다. (하하하)

격식 없이 편안한 대화 속에 더 좋은 관계가 시작되었습니다. 현재 상황과 미래 계획까지 심층 대화가 이어졌어요. 파트너가 된 거죠. 일을 전달하는 관계를 넘어 고성과 작업을 위한 시스템을 토론하기 시작했습니다. 열린 마음이 무엇보다 중요했죠. 이럴 땐 계급장을 떼고 이야기 했어요. (물론 저 혼자만의 착각일지도 모릅니다)

돌아가는 길처럼 보일 수 있습니다. 멀고도 험한 길이죠. 하지만 가치 있는 일은 시간이 걸리고 힘듭니다. 일이 잘 되는 것보다 사람의 마음을 얻는 일이 더 가치 있습니다.

여성 리더라면 반드시 알아야 할 성공비결 39

핵심 인재와는 계급장을 떼고 이야기하세요.

40

누군가에게 스스로 을이 된 적 있나요?

몇 년 전만 하더라도 스스로 좀 똑똑하고 잘났다고 착각하며 한마디로 딱 재수 없게 살았어요. 상황판단을 잘 했기에 비판도 잘 했죠. 옳다고 생각하는 일에는 주장을 굽히지 않았어요. 내 말이 맞는데 뭐가 문제냐 생각했죠. 그러다 책을 읽고 '지방 낀 자아'를 강제 다이어트 시키기로 다짐합니다.

당시 제게 가장 필요한 것은 서번트 리더십이라 확신했죠.

  달라져야 했습니다. 다른 사람의 필요를 채우기 위해 헌신이 먼저라고 하더군요. 그래서 했습니다. 하기 싫은 일도 하고 귀찮은 일도 먼저 나섰어요. 나의 이익과 전혀 상관없는 일에도 충성했습니다.

  물론 화가 났습니다. 저를 낮추고 잡스런 일을 도맡아 하니 감사는 커녕 한숨 나올 일만 생기기도 했어요. 마음이 불편했지요. '누굴 똥으로 아나?' 싶은 마음도 들었습니다만 이렇게 생각하기로 했어요. 서번트가 아니라 서번트 리더십 과정 중이야. 그러니 견뎌봅시다.

  마인드 컨트롤과 바디 컨트롤를 병행했습니다.
  일명 '장어 빼내기 호흡법'입니다. 코로 숨을 길게 들이쉬고는 잠시 멈춰요. 그리고는 입술로 아주 작은 구멍을 만들고는 똥꼬 부터 꽈리를 틀고 있는 장어 3마리를 아주 천천히 빼 낸다는 기분으로 긴 호흡을 이어 나갔습니다. 요동치는 마음을 누르기 위해 양팔을 벌려 아래로 내리는 '워워 내려'를 만들기도 했죠. 이 두 동작은 지금도 아주 유용하게 쓰고 있어요.

요즘은 이 동작들을 사람들 앞에서도 자연스럽게 한답니다.
'나 지금 열 받았어요. 당황했어요'
를 알리는 저만의 방법이기도 하지요. 앙칼진 말 대신 올라간 눈썹 대신 이 행동들로 저의 기분을 표현합니다.

서번트 리더십은 어떻게 되었을까요? 작은 봉사가 습관이 되더군요. 습관은 태도가 되고 분위기가 되기 시작했습니다. 예전과 같은 일을 합니다. 차를 먼저 대접하거나 모이는 사람들의 자리를 배치하죠. 저는 이동과 서빙이 편리한 입구 자리에 앉습니다. 모임의 시간과 장소를 공지하거나, 예약할 수 없는 식당엔 먼저 가서 자리를 잡고 사람들을 기다립니다. 한 명 두 명 모임에 오시면 좋은 자리로 인도하고 이런저런 스몰 토크를 합니다.

똑같은 일을 하면서 달라진 게 있다면 집사에서 호스트가 되었다는 겁니다. 네! 네! 를 연발하고 웃지요. 하는 일은 똑같아요. 하지만 저를 대하는 상대방의 태도가 집사를 대하던 태도에서 호스트를 대하는 태도로 바뀌더군요. 신기한 일이죠. 이런 저를 어른들은 참 예쁘게 보시더군요. 칭찬도 해 주시고 몰래몰래 이런저런 선물을 챙겨주시기도 하고요.

여기서 끝나지 않더군요.

서번트였던 저는 호스트가 되었고 누군가의 추천을 받아 더 큰 무대로 나갈 기회가 자주 생겼습니다. 놀라운 변화였죠.

여성 리더라면 반드시 알아야 할 성공비결 40

우아하게 집사의 일을 하시면 근사한 호스트가 됩니다.

41

리더님의 바라는 성공의 끝에는 무엇이 있나요?

리더님은 소셜 미션이 있으신가요? 대학원에서 경영학 공부를 하면서, 창업지원센터에 입주해 많은 연수를 받으며, 다양한 강의와 책에서 자주 만나는 단어가 '소셜 미션'이었습니다. 협동조합과 관련된 일에도, 개인사업자로 정부 지원 사업에 참여할 때도, 소셜 미션은 어김없이 등장하더군요.

저는 크리스천입니다.

하나님은 이웃을 사랑하라 하셨고 객과 고아와 과부를 말씀하셨죠. 이웃사랑을 실천하는 사람이 되겠다고 다짐했지만, 범위가 너무 넓었습니다.

예수님같이 모두를 사랑할 능력이 없었기에 여성가장을 이웃으로 선택했습니다. 개인적 경험 때문에 꼭 필요한 일이라 생각했지요. 안정적인 수익원을 만들어 줄 수 있는 시스템만 있다면 여성뿐 아니라 아이들까지 동시에 책임질 수 있다고 생각했기 때문입니다. 그렇다고 제가 할 수 있는 건 없었어요. 고민했지만 금방 답이 나오진 않더군요. 사업은 잘 아는 것에서 시작해야 한다는 것 하나만 생각했습니다.

제가 다시 회복되고 일어설 수 있게 된 계기는 교육이었습니다. 그래 이거야!

그렇게 새로운 사업이 진행 중입니다. 저의 소셜미션은 '엄마가장의 성장을 돕는 리더'가 되는 것이지요. 교육사업을 안정된 시스템으로 만들고 그녀들에게 교육과 창업을 돕고 싶습니다. 용기와 희망을 주고 큰 언니 역할을 하고 싶습니다.

힘들 때가 있지요. 하지만 그때마다 지금 당장 닥친 시련에 휘둘릴 생각이 없습니다. 3년 뒤, 5년 뒤, 제가 도울 수 있는 많은 이들을 생각하며 일합니다. 그 생각을 하면 입가에 웃음이 번지거든요.

> **여성 리더라면 반드시 알아야 할 성공비결 41**
> 이타주의 없이 성공한 사람은 졸부입니다.

42

솔직함을 숫자로 표시한다면 몇 점이신가요?

성장하는 조직은 조용하지 않습니다.

회의시간은 시끌벅적합니다. 놀 때도 깔깔거리는 소리가 멈추질 않습니다. 끝도 없이 대화가 이어집니다. 피곤해 쓰러졌다가도 이야기를 시작하면 힘이 납니다. 왁자지껄함이 우리 조직의 자랑거리입니다.

반대로 성장하지 못하는 조직은 조용합니다.

서로 눈치만 보죠. 혼나지 않기 위해 말을 아끼죠. 가만있으면 중간이라도 간다는 생각에서죠. 획기적인 아이디어가 나올 리 없습니다. 창의성을 바라거나 자기 주도적인 결정권은 상상 불가입니다. 결국, 눈치 빠른 능력 있는 팀원부터 하나 둘 발을 빼기 시작하죠. 구멍을 메우기 위해 다른 사람을 조직에 영입합니다만 이런 상황은 무한 반복되며 모래성 같은 조직이 됩니다. 이걸 너무 많이 봐왔기에 찰흙 같은 조직을 만들고 싶었습니다. 여전히 진행 중이지만 우리 팀은 점점 단단해지고 든든해지고 있습니다. 덕분에 제가 이런 책도 쓸 수 있었겠죠.

솔직해져야 했습니다. 처음에는 싫고 좋음이 분명한 것이 솔직함이라고 생각했지요. 망했습니다. 예의 없는 사람이 되더군요. 방법을 달리했습니다. 예의와 솔직함을 섞으니 한결 나아지더군요. 솔직함과 무례함의 경계를 모르는 바보 천치였음을 고백합니다.

물론 솔직해지는 건 큰 용기가 필요합니다. '이렇게 말하면 상대방이 어떻게 생각할까?'에 대한 필터링을 최대한 낮춰야 하거든요. 친한 사람부터 조금씩 천천히 자신의 솔직함을 드러내고 긍정적 피드백을 많이 받을수록 그 용기는 빠르게 습득되고 확장되더군요. 자신에게도 솔직해져야 했습니다.

　스스로 물었어요.

"너 지금 기분이 어때?
괜찮아? 견딜만해? 그만두고 싶어?
뭐 때문에 불편한 거야? 어떻게 하길 바라?
그게 최선일까? 후회하지 않겠어?"

　나와의 솔직한 시간은 나를 더 단단하게 만들어 줬습니다.

　스스로 솔직해졌고 다음으로 가족이었죠. 타인들은 먼저 1:1의 관계에서 최대한 솔직해지려고 연습했어요. 1:다수의 상황에서 솔직해지는 그것보다 훨씬 쉬웠거든요. 솔직해지는 연습을 하면 할수록 마음이 가벼워졌어요. 가면을 쓰지 않아도, -척(있는 척. 아는 척, 잘난 척)하지 않아도 되었거든요. 솔직함을 무기로 사람을 대하는 순간이 늘어날수록 엄청난 에너지의 파장이 느껴졌어요.

솔직해지기 시작하니 신뢰가 급속도로 쌓이기 시작했어요. 믿을 만한 사람에겐 말 대신 일거리를 몰아주며 응원해주시더군요. 상상도 못 한 사람들을 만날 기회가 생겼죠. 진짜 모습을 보여주니 주위 사람들도 하나둘 가면을 벗기 시작했답니다. 그러니 만날 때마다 왁자지껄 깔깔거릴 수밖에요.

> **여성 리더라면 반드시 알아야 할 성공비결 42**
>
> 찐친이라면 '쌩얼을 보여도 될까?' 고민하지 않습니다.

43

미움 받을 용기는 언제 발휘할 수 있을까요?

존경받는 리더의 5가지 법칙
 1. 타고난 리더십 역량
 2. 구성원들에 대한 존중
 3. 용기
 4. 성공
 5. 구성원들의 가치 향상

타고난 리더십은 없다 해도 노력으로 한계를 뛰어넘을 순 있어요. 팀원들을 먼저 존중하지 않으면 당연히 존경받을 수 없습니다. 존중받지 못한 사람들은 타인을 존경할 에너지가 없지요.

처음엔 모든 사람에게 사랑받고 싶었어요. 그래서 타인의 기분을 상하게 하는 말은 피하려고 했죠. 하지만 리더라면 '미움 받을 용기'도 필요합니다. 무례하고 의롭지 못한 사람들로부터 나와 팀원을 지킬만한 힘이 필요하기 때문이죠. 문제가 생겼을 때, 제일 앞으로 나가서 당당한 태도를 보이셔야 합니다. 리더인 당신이 팀원보다 용기 내어, 말하고 행동하고 결정하고 리드하세요. 탁월함의 시작은 차별성이니까요.

가끔 저에게 팀원들이 말해요.

"대표님 멋있어요."

그럼 저는 용기 내어 말해요.

"어떤 점이요?"

장점을 알아야 더 크게 만들 수 있으니까요.

반대의 용기도 냅니다.

"제가 실수하거나 부족한 부분이 있으면 언제든 이야기해 주세요. 적극적으로 받아들이고 수정하도록 할게요. 부탁합니다."

단점을 알아야 더 작게 만들 수 있으니까요.
우리는 그렇게 찐 동료가 되어갑니다.

여성 리더라면 반드시 알아야 할 성공비결 43

회피의 처세술은 다시 보지 않을 사람에게만 쓰는 겁니다.

44

관심 없다는 말을 자주 하시나요?

"어? 머리 잘랐어요?"

"대표님, 어떻게 아셨어요? 아무도 모르던데."

"나야…. 늘 자기한테 관심이 있으니까 알죠. 뭔가 더 깔끔해진 느낌이라 예뻐요."

작은 변화지만 나에게 관심을 두는 사람이 있다면 신이 납니다. 모든 사람을 관찰할 필요는 없겠지만 적어도 팀원이라면 관심을 가져야 합니다. 혹시나 리더의 관심을 거부하는 팀원들이 있다면 당신의 관심이 싫은 게 아니라 그냥 당신이 싫은 겁니다.

돈 잘 버는 센스있는 리더가 되려면 관찰력이 생명입니다. 인간관계 책을 많이 읽었어요. 많은 사람과 대화하고 질문법, 상담공부도 했지요. 그러면서 인간관계를 향상할 수 있는 가장 중요한 것이 관찰력이란 걸 알게 되었습니다. 대화를 이어나가는 것도, 질문을 잘 하는 것도 관심에서 시작되더군요.

범죄심리분석관 정도의 관찰력이 있다면 뭘 해도 사실 성공하실 겁니다. 사람들의 표정, 말투, 언행을 관찰하고 옷 스타일을 관찰하면 그 사람의 하루가 보이고 인생이 보입니다.

일 잘하는 사람의 센스는 타고난 게 아니라 일에 대한 작은 관심에서 시작됩니다. 관심이 있어야 호기심이 생기고, 호기심이 생겨야 의욕이 나고, 의욕이 있어야 결과가 따라옵니다. 세상에 관심 없는 사람과 멀어지세요. 자기만 생각하는 사람의 진짜 문제는 타인에 관해 관심이 없는 게 아니라, 진짜 본인의 모습에도 관심이 없다는 겁니다. 스스로 관찰력이 좋다고 생각하는 리더님이라면 다음 단계로 넘어가 봅시다. 좋아하지 않는 일에도 관심을 가져보세요. 그 관심이 확장되면 사업이 확장되고, 인간관계가 확장되고, 통장 잔액이 확장됩니다.

여성 리더라면 반드시 알아야 할 성공비결 44

관찰력이 쌓여야 통장 동그라미가 쌓여요.

45

길잡이 멘토가 있으신가요?

리더는 생각 이상으로 많은 에너지가 필요합니다. 팀원들이 5를 쓸 때 리더는 7-8, 혹은 그 이상의 에너지를 씁니다. 물론 팀원이 리더를 볼 땐, 일 시키고 보고만 받는 한량처럼 느껴질 수 있겠지만 어디 그런가요? 직접 리더가 되지 않으면 절대 모를 일이죠. 특히나 큰 결정을 해야 할 때, 리더 혼자만의 에너지로는 역부족입니다. 팀원들과도 머리를 맞대지만 해결되지 않는 부분도 존재합니다. 이럴 때 리더는 또 다른 리더 멘토가 필요합니다.

리더 멘토는 당신보다 훨씬 더 넓은 경험과 더 깊은 지혜를 가진 사람이어야겠죠. 어떻게 찾을 수 있을까요? 일단 일하는 공간에서 과감히 벗어나야 합니다. 결혼은 하고 싶은데 사람이 없다고 푸념하는 친구들에게 흔히들 말하잖아요. '집에만 있지 말고 남자들 많은 곳으로 가.' 마찬가지입니다. 멘토가 될 만한 사람들이 있는 곳으로 가세요.

창업 관련 강의에서 많은 멘토를 만났습니다. 모든 강의가 제 마음을 녹이진 않지만, 가끔 눈이 번쩍 뜨이는 선한 힘이 넘치는 강사님들을 종종 뵙게 되면 강의가 마치고 강사님께 저벅저벅 걸어갑니다. 명함을 드리고 이런저런 부분이 너무 와 닿았다고 감사의 인사를 전합니다. 그리고는 품어 놓았던 문제에 대해 최대한 짧게 이야기를 드리고 조언을 구하기도 하죠.

어떤 일이 벌어질까요? 제가 찜한 강사님들은 선한 영향력을 실천하시는 분들이시더군요. 사람을 가만히 보면 그 사람의 에너지가 보이거든요. 생각보다 남들에게 도움을 주고 싶어 하는 사람들이 훨씬 많다는 걸 아세요? 저 또한 그렇게 살고 싶답니다.

신기한 건 한번 멘토가 영원한 멘토가 되진 않더군요. 존경하는 멘토 한 분이 계셨어요. 많은 도움을 받았고, 어느 날 다시 그분께 조언을 구하러 갔는데요. 이게 웬일입니까? 멘토와의 대화에서 30센티 콘크리트 벽을 발견했습니다. '도대체 이게 무슨 일이지? 우리 사이에 무슨 문제가 있나?' 싶어 땀이 나기 시작했어요. 벽과의 대화를 한참동안 이어나가는데 갑자기 '아하!' 모든 이유를 알게 되었어요. 저의 성장 속도가 원인이었어요. (쩝…. 또 이렇게 잘난 척을 하네요) 토론과 논쟁이 쓸데없는 에너지 싸움일 뿐이란 생각이 들자, 찻값을 계산하고 공손하게 인사드리며 헤어졌죠. 여전히 멘토시지만, 리더 멘토의 자리는 공석이네요. 제가 아끼는 팀원에게 이 이야기를 했더니 한마디 하더군요.

"리더님, 코끼리는 냉장고 안으로 절대 들어갈 수 없어요."

여성 리더라면 반드시 알아야 할 성공비결 45

코끼리는 냉장고 안으로 들어갈 수 없습니다.

46

리더의 말에 깜빡이가 있나요?

목적의식이 뚜렷하고 시간 낭비를 극도로 싫어하는 사람이라 늘 단도직입적으로 일 얘기만 했어요.
앞뒤 다 잘라먹고,
"그래서 그 건은 어떻게 됐어요?"
라고 묻는 식이었죠.

저는 그런 방식의 의사소통이 훨씬 편하고 효율적이라 생각했기 때문입니다. 하지만 이젠 그게 얼마나 무식하고 멍청한 방법이란 걸 압니다. 그땔 생각하면 부끄러워, 침 삼키는 것도 힘드네요.

파란색을 떠올려 봅시다. 제가 생각한 파란색과 여러분의 파란색이 같은 색일까요? 분명 다를 겁니다. 하늘도 바다도 파란색이지만 그 둘은 다른 파란색이고, 하늘도 바다도 매일 다른 파란색을 보여주잖아요. 사람도 마찬가지죠. 천차만별입니다. 내 생각과 같은 사람요? 없습니다.

제 스타일을 선호하는 사람도 있었지만, 5단계 인성 리더십을 놓칠 순 없었죠. 대화와 소통의 방식을 바꾸기로 했습니다. '쿠션 워드'라는 게 있더군요. 우리가 소파에 기대어 앉을 때 등을 받쳐주는 쿠션을 이야기하는 겁니다. 본론으로 바로 들어가기 전, 상대방에게 약간의 시간과 공간을 제공해 주는 것이죠. '스몰토크'를 하기도 해요. 일과 상관없는 일상적인 대화를 잠시 하고 본론으로 들어가는 거죠. 요즘 말로 깜빡이를 켜고 들어가는 걸 의미합니다.

메신저에서도 이건 상당히 중요한데요. 카톡 대화 창이라고 생각해 봅시다.

〉〉어제 말한 그 서류 정리됐나요?

느닷없이 리더에게 이런 메시지를 받았다고 생각해 봅시다. 기분이 어떨까요? 이건 효과적인 의사소통방식이 아니라 사람을 긴장하게 하고 얼어붙게 만듭니다.

〉〉굿 모닝^^ 오늘 컨디션은 좀 어때요?

이렇게 첫 말문을 열어주세요. 물론 같은 공간에서 메신저로 서류를 받아야 한다면 굿모닝이 더 이상하죠.

앞 인사가 필요 없다면…. 약간의…. 줄임표와….
물결표~를 넣어서~ 웃어^^주세요. 흐흐흐,
상대에게 편안함을 주는 3초의 배려인 거죠.

연배가 높은 사람에게 말할 때는 무게감을 실어봅니다.
'제 말은 그런 뜻이 아닙니다.' 를 글로 읽으면 도전적으로 느껴지잖아요.

'제 말은…. 그런…. 뜻이 아닙…. 니다...'

로 표현하면 조심성이 느껴진다고 생각되거든요.
물론 이런 대화는 얼굴 보고 하는 게 제일이겠지만요.

여성 리더라면 반드시 알아야 할 성공비결 46

음,,, 깜빡이와 쉼표, 물결은~
리더를 더 우아하게 만들어 줍니다.

47

팀원들에게 어떤 감사를 받고 싶으세요?

　미국은 10월 16일을 '보스(Boss)의 날'로 정해 기념한다고 하는데요. 1994년 미국 대표 신문 중 하나인 US투데이에 이런 전면 광고가 실렸답니다.

감사합니다. 허브

우리 직원들 이름을 모두 기억해 주신 것에

로널드 맥도널드 하우스를 지원해 주신 것에

추수감사절에 수화물 적재를 손수 도와주신 것에

모든 사람에게 키스해 주신 것에

우리말을 들어주긴 것에

유일하게 흑자를 내는 항공사를 경영해 주신 것에

휴일 파티에서 노래를 불러주신 것에

일 년에 딱 한 번 노래 불러주신 것에

직장에서 반바지와 운동화를 신게 해 주신 것에

단 하나의 골프채로 '러브 클래식'에서 골프를 치게 해 주신 것에

샘 도널드슨보다 더 말을 잘 한 것에

할리 데이비슨 오토바이를 타고 본사에 출근하신 것에

회장이 아니라 친구가 되어 주신 것에

-행복한 보스의 날에 16,000명의 사우스 웨스트 직원 일동-

이 광고를 본 리더의 기분은? 찢어졌겠죠.

샤넬백보다 든든한 똥빽이 있다. 싸랑해요. 똥쌤.

신혜영이라는 계절을 만나 다시 꽃 피었습니다. 감사합니다. 사랑합니다.

나의 20살 꿈을 이루게 해준 신혜영 작가님! 감사하고 사랑합니다.

팀원들에게 이런 −광고 같은− 감사 편지 3장을 받았습니다. 뛸 듯이 기뻤지만 차마 부끄러워 적당히 좋아하는 척했습니다. 다음 편지는 '친구'라는 단어가 들어가면 좋겠네요.

여성 리더라면 반드시 알아야 할 성공비결 47

친구는 만만한 사람이 아니라, 믿고 의지할 수 있는 사람입니다.

48

리더의 심장엔 어떤 돌이 박혀 있나요?

세상 모든 사람이 부러운 적이 있었어요. 한없이 작아졌고 끝없이 우울했죠. 나 잘난 여자로 살다가 한순간 주저앉게 되니 자신감 넘치고 긍정적인 성격이 냉소적으로 돌변하더군요. 모두가 적이었죠. 그렇게 몇 년을 숨어 살다, 이 사실을 깨닫고, 긴 터널 밖으로 기어 나왔습니다.

'세상 모든 사람은 심장에 돌을 박고 삽니다'

아무에게도 털어놓을 수 없었습니다. 쪽팔렸어요. 그랬던 제가 어느 날. 친구에게 제 이야기를 툭 던져 버렸습니다. 이게 무슨 일일까요? 친구는 그런 나에게 절대 뒤지지 않는 이야기를 들려주더군요. 서로의 심장에 박힌 돌을 꺼내 보여주고 난 뒤, 우리는 더 돈독한 사이가 되었습니다. 그 뒤로도 내 심장에 박힌 돌을 꺼내는 순간마다 같은 일이 반복되었어요. 제가 먼저 꺼내니 상대도 꺼내더군요. 저만 힘든 줄 알았는데, 저만 죽고 싶은 줄 알았는데, 세상 사람 다 똑같더군요. 아…. 행복과 불행은 크기는 시기만 다를 뿐, 결국 모두가 같은 질량의 법칙이 적용되는구나!

털어놓고 싶은 일이 있나요?
털어놓지 못하는 이유는 무엇일까요?

리더가 먼저 털어놔도 괜찮습니다. 그게 모양 빠지는 일이라 생각지 않으셔도 됩니다. 그 계기로 무한 신뢰가 쌓이기도 하더군요. 아무 말 없이 밥숟가락을 건네는 이도, 손수건 대신 어깨를 내미는 이들도 생겼으니까요. 약한 모습을 보이는 게 리더의 덕이 아니라고 생각하실 수 있지만 놀랍게도 팀원들은 그런 제 모습을 진정성과 투명성으로 받아들여 줬습니다.

여성 리더라면 반드시 알아야 할 성공비결 48

없어 보인다 생각되는 일이, 더 있어 보일 때가 있습니다.

49

당신은 벼랑 끝에서 의지할 존재가 있나요?

인생에서 가장 큰 구멍이 생겼습니다. 18층 베란다에서 삼천궁녀가 될 뻔했죠. 세상에서 가장 안전한 곳은 차 안이었습니다. 한적한 곳에 주차하고, 사람이 차마 흉내 낼 수도 없는 괴상한 파동을 만들며 울분을 터트렸습니다. 세상은 살 만한 곳이 아니었고 모두가 미웠습니다. 그랬던 제가 누구보다 건강해졌죠. 방법이 뭐냐고 물으신다면, 주저 없이 답은 하나! 하나님입니다. 세상도 사람도 믿지 못했을 때 저를 품어준 유일한 분이셨죠.

　많은 책에서 성공한 사람들은 티 나지 않게 이 이야기들을 합니다. 특히 영어권 나라의 작가들과 리더들은 신의 존재를 부정하지 않지요. 신의 노여워할 일은 하지 말라고 권고합니다. 미국 대통령 취임식은 성경에 손을 얹고 맹세를 합니다. 미국의 호텔 방에는 성경책이 있다는 사실 아시나요? 미국이 아직 건재한 이유는 신의 가호가 있기 때문이라 생각합니다. 이 정도가 되면 이 책을 탁 덮어 버리고 싶은 마음이 드실 수도 있겠네요. 그런데도 이 페이지를 삭제하지 않는 이유는 제 나름의 성공방법에서 핵심을 뺄 수 없었기 때문이라 말씀드리고 싶습니다. 하나님은 우주를 다스리는 최고 중의 최고 리더이십니다. 예수님의 리더십은 말해 뭐할까요? 위대한 사람이 되려면 위대한 분의 발자취를 따라가는 것이 가장 쉬운 일입니다. 벤치마킹이죠.

　인격이 완성되지 않는 리더는 언제든 팀원들에게 버림받을 수 있습니다. 성경은 당신의 인격완성에 있어 최고의 교과서입니다. 베스트셀러이자 스테디셀러인 성경을 한 번도 읽어 보지 못했다면 진정한 지식인이 아닙니다. 도전하는 리더만이 더 높은 자리로 올라갈 수 있습니다.

한 번도 하지 않은 일에 도전하신다면 무엇을 하시겠습니까?

여성 리더라면 반드시 알아야 할 성공비결 49
벼랑 끝에서 신을 찾지 마세요. 하나님은 언제나 당신과 함께하십니다.

여성 리더라면 반드시 알아야 할 성공비결 49

없어 보인다. 생각되는 일이, 더 있어 보일 때가 있습니다.

50

멘탈 관리 어떻게 하세요?

성공의 비결을 하나 더 말씀드릴게요. 10권의 책을 썼습니다. 꽤 다양한 종류의 책들이지요. 이름만 들으면 아는 위대한 작가는 아니지만, 대만과 중국에 책을 수출하기도 하고 베스트셀러 작가이기도 합니다. 한 권의 책을 쓰는데 걸리는 시간은 점점 짧아져 갑니다. 잡생각 없이 피아노

치듯 자판을 두드리면 한 꼭지가 완성되고 순식간에 한 권의 책이 뚝딱 완성됩니다. 제 자랑을 이렇게 늘어놓는 이유는 소위 '똥빼기'라고 부르는 '치유의 글쓰기'를 소개하고 싶기 때문입니다.

 저에게 있었던 슬픔과 아픔과 노여움과 원망, 그 모든 부정적 사건과 감정을 써 내려 갔기 때문입니다. 그거 아세요? 삶을 정면승부 하지 못하고 회피하는 이유가, 긍정 대신 부정을 선택하는 까닭이, 자존감 대신 자신감을 세우는 원인은, 용기 대신 오기로만 똘똘 뭉쳐 있는 근본적 문제는 당신이 미처 기억하지 못하는 어떤 과거의 '순간' 때문이라는 걸 말이죠. 장기적인 사건 때문이 아니라 단 30분의 순간 때문에 평생 발목 잡혀 활짝 내 인생을 펼칠 수 없다는 걸요.
 제 개인적인 경험에서 한 이야기가 아닙니다. 함께 '치유의 글쓰기'를 하셨던 많은 작가님이 한결같이 이야기해 주셨지요. 나를 돌아보시는 순간을 한번 만들어 보셨으면 좋겠습니다.

 바쁜 와중에 자신을 돌아보는 순간이 있으신가요?
 과거의 경험과 이별하고 싶은 일에서 어떻게 벗어나시나요?

리더는 멘탈관리가 중요합니다. 일의 효율성을 올리는 데 있어서 객관적으로 바라보고 최고의 결정을 하는 것, 팀원들에게 쉼 없이 동기부여하고 긍정적 자극을 주는 것, 자신의 성장뿐 아니라 팀원을 리드고 세우는 목표를 성취해 나가는 과정, 수많은 사람과 끊임없이 소통하는 과정에서 끝까지 부여잡아야 할 것은 다름 아닌 리더의 정신 줄입니다. 끊어질 듯 아슬아슬하게 당겨진 고무줄 같은 멘탈로는 아주 작은 일에도 쉽게 분노하고 오해하고 좌절할 수 있습니다. 정신건강에 필요한 건 충분한 수면과 영양가 있는 식사 이상으로 평온한 멘탈 관리가 필수입니다.

명상과 요가, 산책과 독서도 좋습니다만 지금 이 상황에서 평온해 지려 말고 대 과거에 있었던 일로부터 자유로워질 수 있는 치유의 글쓰기를 적극 추천해 드립니다. 마음 저 바닥에 있던 원망의 똥물을 펌프로 다 끌어올려 내 몸 밖으로 나가는 작업을 하게 되면 큰 숨 한번 쉬는 걸로 내려놓음의 순간을 맞이하실 수 있습니다. 치유의 글쓰기에 대한 정보를 원하신다면 작가님들과 함께 쓴 〈글로 눈물을 닦다〉를 참고해 보시면 좋을 것 같아요.

여성 리더라면 반드시 알아야 할 성공비결 50

처리하지 못한 감정과 잊지 못할 과거는
말없이 쓰고 휴지통에 버리세요.

51

생산성을 높이는 마지막 방법은 뭘까요?

일 중독이었을까요? 커피 중독이었을까요? 혈관을 따라 흐르는 피의 주성분은 카페인이었을 겁니다. 모든 가방에는 세상에서 가장 작은 카페가 차려져 있었죠. 커피가 떨어졌을 때를 대비해야 했거든요. 물보다 커피, 밥보다 커피였습니다. 커피를 그렇게 마시면 어떤 일이 생기는지 아세요? 똥 색깔이 정확히 커피색이에요.

어느 날부터인가 오른쪽 다리를 절뚝이기 시작했어요. 온갖 병원과 한의원을 찾아가 사진을 찍고 침을 맞고 치료를 해도 나아질 기미가 없더군요. 모든 지식은 책에 있다고 믿는 사람이라 온갖 서적을 뒤졌죠. 평생 다리를 절며 살고 싶진 않았으니까요. 오랜 공부 끝에 이 증상의 원인은 부신의 기능이 너무 약해졌다 잠정 결론지었죠. 문제가 있으면 솔루션이 있어야죠. 제가 할 수 있는 가장 효과적인 치료법은 커피 끊기였습니다. 단칼에 커피와 이별했죠. 후폭풍은 상상 이상이었습니다. 온몸이 두드려 맞은 것처럼 아팠고 한 달 동안 생존을 위해 겨울잠 자는 북극곰이 되어야만 했습니다. 이제껏 카페인 덕에 줄였던 잠으로부터 한꺼번에 폭탄청구서를 받은 셈이죠. 강제 수면 독촉장이 쌓였어요. 덕분에 카페인중독에서 벗어나긴 했지만, 여전히 일 중독이었습니다. 선택의 문제가 아니었어요.

그러던 어느 날, 저를 가만히 지켜보던 아들이 한마디 하더라고요.

"엄마는 일을 좀 그만하고…. 엄마가 행복한 일에 투자를 좀 하면 좋겠어."

"엄마는 일하는 게 행복한데?"

"내 말은 책을 쓰지 말고 뭔가 다른 데서 행복…. 그러니까 좀 비생산적인 일에서 행복을 찾으면 좋겠다는 말이야."

"비생산적인 게 뭔데?"

"음…. 비생산적인 거는…. 뭘 만들지 말고 있는 그대로를 즐기는 거…. 아닐까. 일을 그만큼 했으니 스스로 보상받는 방법에 대해 생각해 보란 거지. 엄마에게 시간의 선물을 하란 말이야."

코웃음으로 시작한 짧은 대화의 끝은 뭉클함이었습니다. 아이는 저를 진심으로 걱정해 주고 있었고 자신의 언어로 진지하게 부탁하고 있었죠. 언제 이렇게 컸나 싶기도 했고 내가 아이를 이렇게 잘 키웠나 싶은 뿌듯함도 있었지만, 모래를 한 줌 들이킨 기분이었죠. 곰곰이 생각했어요. 있는 그대로 즐길 수 있는 비생산적인 일이 뭐가 있을까?

그 길로 컴퓨터와 멀어졌습니다. 꼭 필요한 업무만 소 닭 보듯 쳐다봤어요. 중독에서 멀어지는 길은 적당한 타협이 아니란 걸 알고 있었거든요. 아들의 조언을 받아들이고 있다는 태도를 보여주는 것도 좋을 거란 계산이기도 했지요. 밥도 잘 챙겨 먹으려 했고 침대에서 빈둥거리는 시간도 가졌습니다. 어색하고 불안했습니다만 커피를 끊을 때 보다는 견딜 만하더라고요.

비생산적인 시간을 소비하는 습관을 만들었지요. 처음으로 유튜브에 빠졌어요. 프리미엄 구독을 할 수밖에 없더군요. 혼자서 웃고 있는 저를 발견했습니다. 타인과 함께 있지 않아도 혼자 킥킥거리는 저를 만난 게 얼마 만일까요. 아들 앞에 좀 더 떳떳해졌습니다. 그저 감사할 일입니다.

나를 웃게 하는 것에 시간을 투자하라

여성 리더라면 반드시 알아야 할 성공비결 51

잘 쉬어야 또 달릴 수 있습니다.

52

에너지 충전 어떻게 하세요?

'감사합니다'라는 표현에 인색한 사람이었어요. 감사의 표현이 왠지 모르게 지는 것 같고 을이 된 듯한 착각에 빠졌거든요. 물론 지금은 그런 생각이 전혀 들지 않지만요. 감사하다는 인사는 듣는 사람뿐 아니라 말하는 사람까지도 미소 짓게 해 주는 마법의 인사입니다. 사랑한다는 말 다음으로 강력한 힘을 가진 완벽한 문장이 '감사합니다' 입니다.

1000일 동안 감사일기를 썼습니다. 그사이 긍정의 에너지가 퍼지기 시작했어요. 불평불만의 부정적 에너지와 멀어졌지요. 불평해서 달라지는 건 하나도 없었지만 감사하니 모든 게 뒤바뀌더군요. 사람과의 관계도 좋아지고 일도 더 술술 풀렸죠. 얼굴도 밝아지고 발걸음도 경쾌해졌어요.

감사할 일에 감사하는 게 아니라, 감사하지 않을만한 일에도 감사하기 시작했더니, 감사할 일이 선물처럼 찾아왔어요. '안녕하세요' 라는 인사처럼 '감사합니다'를 달고 살기 시작했더니 타인은 은인이 되더군요. 말 한마디로 인생이 달라졌어요. 팀원들에게도 더 많이 감사하다고 이야기했어요. 사랑을 남발하면 가벼워지지만, 감사를 남발하면 무거워지더군요. 관계가 돈독해집니다. 감사가 곧 인정이니까요. 인정은 행복을 낳고 행복은 자존감을 세우죠. 자존감이 단단한 팀원들은 효율적인 팀워크와 간결하고 생산적인 의사소통을 합니다. 오해와 불신이 사라집니다. 조직이 맑아지고 피부도 덩달아 맑아집니다. 일의 완성도가 높아지고 삶의 완성도도 올라갔습니다.

여성 리더라면 반드시 알아야 할 성공비결 52

'감사합니다'를 100번만 외쳐보시면
없던 에너지도 생겨납니다.

53

리더님 외로우시죠?

늘 앞서 걸어야 하는 자리라 그럴까요? 모범이 되어야 한다는 강박 때문일까요? 모든 이야기를 털어놓기가 어려워 그럴까요? 리더는 외롭습니다.

외롭지 않은 인생이 어디 있겠냐 하실 수도 있겠네요. 이

또한 욕심일까요? 리더만 외로운 건 아닐 테죠. 팀원은 더 외롭지 않겠냐 생각해 볼 기회가 생겼네요. 맞네요. 그러고 보니 외로운 건 리더만의 몫은 아닐 수 있겠네요. 그래도 가끔 팀원들끼리 더 친한 것 같고 더 많은 소통을 하는 걸 보면 섭섭합니다. 그게 외로움일까요?

원하는 만큼 인정을 받지 못해서 외롭다고 생각되는 걸까요? 그러면 충분한 인정은 존재하기나 하는 걸까요? 충분한 돈만큼이나 측정하기 어려운 것 같네요. 불가능한 걸 원했구나! 내 생각을 고쳐먹어야겠다 싶군요.

그래도 이 말을 도로 삼키진 않겠습니다. 리더는 외로우니까요. 팀원들은 죽었다 깨어나도 리더의 100% 마음을 알 수 없어서이겠지요. 에이~ 리더도 팀원 마음 모르는데 팀원이 리더 마음 알아주길 바라는 것 그 또한 욕심 아닌가요? 어휴. 다 욕심이었네요.

외로움을 달랠 다양한 색깔의 친구를 만들었습니다. 어디에서요? 사적으로 만나는 친구들이 아닌 공적인 팀원들을 친구 삼았지요. 저 혼자만의 착각이겠지만 팀원 모두는 제 친구입니다. 대신 친구의 색깔이 각각 달라요. 속 이야기를 나누되 A에게는 개인적인 이런 부분에 관해서 B랑은 그와 다른 부분에서 C랑은 D와 나누는 대화의 주제도 각각 다르게 설정한 거죠. 베스트 프렌드를 한두 명으로 나누는 게 아니라 서로 좋아하는 주제와 관심사에 맞게 나누어 두니 한결 따뜻해졌습니다. 리더의 약함을 다 드러내지 않아도 되는 장점도 있었고요. 가깝게 지내는 한 사람 대신 골고루 친밀한 시간을 가지니 저의 외로움도 팀원들 외로움도 어느정도 해결 되는 것 같더군요.

> **여성 리더라면 반드시 알아야 할 성공비결 53**
>
> 리더가 먼저 다가가, 팀원의 친구가 되어 주셔야 합니다.

마치는 글

리더가 되니 리더의 마음이 보였습니다.

리더가 되니 더 많은 것들이 이해되더군요. 놀랍게도 세상 돌아가는 이치가 더 잘 보입니다. 사람 관계도 업무처리 능력도 이해 능력도 성장 속도도 무서운 속도로 빨라지고 롤러코스터를 탄 듯 세상이 매일 신나게 돌아갑니다. 참 신기하더군요. 혼자만 좋은 거 알고 싶지 않아요. 좋은 건 말이죠. 같이 해야 더 좋거든요. 신나는 사람들이 가득한 곳이 놀이동산이잖아요. 우리가 함께 성장하며 하루하루가 축제 같은 우리들의 에버랜드를 만들면 좋겠어요.

리더가 된다는 것?

부담감을 느끼지 않으셨으면 해요. 쓸데없는 고민도 하지 않으시면 해요. 알고 보면 49대 51뿐 아무것도 아닌 일이거든요. 목숨 걸고 독립운동을 하는 것도, 모든 것 정리하고 이민 가는 일도 아니에요. 내 삶을 주체적으로 살기. 내 인생의 리더가 되는 걸로 시작해 조직의 리더가 되었으면 좋겠습니다. 이미 내 삶의 리더시라면 또 다른 여성 리더를 만드시는 리더의 리더가 되셨으면 좋겠습니다. 리더의 리더가 되면 상상하지 못할 폭발적인 성장 속도를 맛보실 수 있답니다.

리더님! 당신은 무엇이든 할 수 있어요. 다만 혼자는 쉽게 지칠 수 있죠. 그렇기에 여성들의 연대가 무엇보다 필요합니다. '여성의 적은 여성이다'는 말 아시죠? 가만히 생각해 봅시다. 왜 그런 말이 나오게 된 건지, 그런 표현으로 여성의 생각을 가두고 서로를 적이라고 생각했을 때 누가 제일 큰 이득을 보는지를요. 우리는 서로의 적이 아니라 '동지'예요. 같은 시대를 같은 마음으로 살아가고 있잖아요. 서로 기댈 수 있고, 아낌없이 지지하고, 뜨겁게 응원하고, 따뜻하게 격려하면 좋겠어요.

여성 연대의 시작은 체인지입니다. 내가 먼저 바뀌어야 상대방이 바뀌고 결국 세상이 변화하는 거니까요. 자신을 절대로 작게 여기지 마세요. 안 된다는 생각은 과감히 버리세요. 부족하단 생각은 쓸데없는 겸손입니다. 내가 바뀌지 않으면 아무것도 달라지지 않아요.

좀 더 멋진 여성 리더가 되어 주세요. 대단한 리더 아니고 오늘보다 좀 더 나은 리더가 되면 되잖아요. 내 삶의 진짜 주인으로 리더가 되셔서 설레는 일에 내 전부를 걸어봐요. 당장 눈앞에 보이는 일들 멀리서 보면 점이에요. 나를 행복하게 하는 일, 나의 숨은 미소를 찾게 하는 일에 내가 먼저 앞장서 봐요.

무엇을 당장 어떻게 해야 할지 모르시겠다고요? 같은 마음으로 똘똘 뭉친 사람들과 함께하면 좋겠습니다. '한국여성리더연구소'는 늘 여성의 성장과 여성연대를 향해 고민하고 실천하겠습니다.